GILLES LE DUC (1692) | J. B. DUPRÉ (1786)

MÉMOIRES INÉDITS

POUR SERVIR A

L'HISTOIRE DE LA VILLE & DES SEIGNEURS

DE

LINIÈRES-EN-BERRI

PUBLIÉS

avec une Introduction, des Notes et des Commentaires

PAR LUCIEN JENY

« Linières me tient, c'est mon plaisir. »
CATHERINE D'AMBOISE.

BOURGES
IMPRIMERIE ET LITHOGRAPHIE B.
Rue des Armuriers, 6 *bis* (cour de l'Oratoire

1890

GILLES LE DUC (1692) et J. B. DUPRÉ (1786)

MÉMOIRES INÉDITS

POUR SERVIR A

L'HISTOIRE DE LA VILLE & DES SEIGNEURS DE LINIÈRES-EN-BERRI

PUBLIÉS

avec une Introduction, des Notes et des Commentaires

PAR LUCIEN JENY

« Linières me tient, c'est mon plaisir. »
CATHERINE D'AMBOISE.

BOURGES
IMPRIMERIE ET LITHOGRAPHIE H. SIRE
Rue des Armuriers, 6 *bis* (cour de l'Oratoire)

1890

(Extrait des *Mémoires de la Société historique du Cher*.

INTRODUCTION

Dans les premiers mois de l'année 1784, le chanoine J. B. Dupré était nommé doyen du Chapitre de Linières-en-Berri. Il se trouvait en relations, dans cette résidence, avec le notaire Baudon, en même temps bailli d'une localité limitrophe. Celui-ci était dépositaire du manuscrit original des *Mémoires* de Gilles-le-Duc, l'un des prédécesseurs de J. B. Dupré dans le décanat canonial de Linières. Le notaire communiqua au chanoine ce précieux manuscrit. Ces *Mémoires* avaient été écrits, comme l'indiquait leur titre, *pour servir à l'histoire de la ville et des seigneurs de Linières.* Ils se poursuivaient jusqu'à l'année 1692 et leur auteur, promu, en 1700, aux dignités d'Official et de Grand Vicaire de Limoges, engageait, dans une note finale, ses successeurs dans la direction du collége des chanoines à continuer son œuvre.

De 1700 à 1784, six de ceux-ci avaient eu successivement cette direction sans s'être conformés au vœu de leur laborieux devancier.

Aussi J. B. Dupré ne crut-il pas devoir se borner au rôle de simple continuateur. Il estima que le travail de Gilles-le-Duc avait un peu vieilli et que, d'autre part, ces curieuses éphémérides locales pourraient s'égarer ou être détruites par une cause quelconque et se trouver ainsi irrémédiablement perdues pour le siècle suivant. Il les transcrivit donc à nouveau en les retouchant à sa façon, c'est-à-dire en écourtant presque toujours les citations des chartes et autres documents et en élaguant un certain nombre de réflexions incidentes qui lui semblèrent des hors-d'œuvre, comme nous dirions aujourd'hui. Ensuite il raconta personnellement l'histoire linéroise de 1692 à 1786. — Ce sont ces *Mémoires,* c'est-à-dire d'abord ceux de Gilles-le-Duc révisés par J. B. Dupré, puis ceux de J. B. Dupré lui-même, que nous croyons devoir livrer à la publicité, après que des juges compétents ont bien voulu nous attester par écrit ce qu'ils ont appelé *leur grand intérêt et leur haute valeur.*

Cet intérêt et cette valeur résultent d'ailleurs implicitement d'une particularité énoncée par Gilles-le-Duc lui-même dans l'Avant-Propos de son travail. Ce fut à lui, en effet, que La Thaumassière, surnommé par Catherinot le Tite-Live du Berry, demanda ces mêmes *Mémoires,* alors encore inachevés, ou tout au moins leur brouillon, pour nous servir de l'expression courante, soi-disant afin de les conférer avec les Notes de son *Histoire du Berry,* à cette époque sur le métier. Mais, ainsi que l'observe J. B. Dupré, La Thaumassière, une fois en possession du fruit des recherches de Gilles-le-Duc, ne se borna pas à de simples rapprochements comparatifs. Il fit largement usage de ces résultats de l'érudition d'autrui, en omettant, à ce que nous croyons, d'en reporter l'honneur sur qui de droit. Aussi Gilles-le-Duc, en voyant paraître, en 1689, l'ouvrage de La Thaumassière, dut-il constater, peut-être avec quelque surprise, qu'il n'était pas du trop petit nombre des privilégiés auxquels l'historien du Berry témoigne nommément sa gratitude à la fin de l'Avertissement placé en tête de son œuvre.

Par sa situation ecclésiastique, Gilles-le-Duc avait eu des facilités particulières pour compulser les archives religieuses de Chezal-Benoît, d'Orsan, d'Issoudun, etc., ainsi que le chartrier du Chapitre dont il était le doyen et celui du château même de Linières, sa résidence. Au contraire La Thaumassière, qu'on le considère comme Échevin de Bourges, comme Docteur agrégé à l'Université de la même ville, comme Avocat au Parlement, ne vivait pas absolument dans le même milieu que notre mémorialiste et n'entretenait pas de relations entièrement identiques aux siennes, bien qu'ayant pu consulter nombre de sources. Aussi voyons-nous Gilles-le-Duc, dans la rédaction définitive de ses *Mémoires* telle que la possédait le notaire Baudon, se servir parfois de documents peu connus des abbayes pour réfuter certaines assertions de La Thaumassière, prenant ainsi, avec ses moyens personnels d'investigation, une revanche bien légitime. Et même en ce qui concerne les points sur lesquels les deux auteurs paraissent, de prime abord, se répéter, le récit de Gilles-le-Duc contient quelquefois des variantes, des citations et des détails qu'il n'est pas inutile de connaître.

Ces dissemblances ne sont pas très tranchées relativement aux premiers seigneurs par la biographie desquels débute Gilles-le-Duc, à partir du XIe siècle, car on a si peu de renseignements précis sur ces plus anciens princes ou barons de Linières que les érudits qui sont remontés jusqu'à ces temps lointains se copient presque fatalement.

Mais c'est surtout quand s'éteint cette antique maison des seigneurs de Linières proprement dits, après environ cinq cents ans de domination locale, pour faire place à la famille de Beaujeu, que les différences entre l'historien du Berry et le mémorialiste linérois deviennent de plus en plus marquées.

A partir du mariage de Jacqueline de Linières, dernier rejeton de la lignée primitive, avec Edouard de Beaujeu, La Thaumassière ne consacre plus au sujet qui nous occupe qu'un seul chapitre, intitulé : « *Des* » *autres seigneurs de la maison de Linières* », tandis que Gilles-le-Duc continue à faire de chaque seigneur ou de chaque dame l'objet d'une étude spéciale. Encore le chapitre d'ensemble (dont nous venons de parler), de La Thaumassière, finit-il sur une simple généalogie des seigneurs de Linières de la branche de La Rochefoucault-Barbezieux, tandis que Gilles-le-Duc conduit, sans interruption, jusqu'au fils aîné de Colbert, un récit que J. B. Dupré prolonge jusqu'à la veille de la Révolution. Enfin La Thaumassière, nous l'avons dit, édite son œuvre dès 1689, de sorte que, pendant près d'un siècle, Gilles-le-Duc et J. B. Dupré restent seuls à nous entretenir du passé de Linières.

Aussi notre manuscrit, ou l'une des deux seules autres copies anciennes dont nous connaissons l'existence, paraît-il, comme nous le ferons remarquer dans certaines notes, avoir été consulté avec fruit, non seulement par le Tite-Live du Berry au XVIIe siècle, mais encore par l'éminent historien moderne de cette belle province, M. de Raynal, ainsi que par M. de Barral, dans son *Etude sur les châteaux et monuments du Cher*, et M. de Kersers, le savant auteur de la *Statistique monumentale* de ce département, nous l'a-t-il, de son côté, demandé en communication en juillet 1889.

Si les appréciateurs expérimentés qui nous ont engagé à faire cette publication ne s'abusent, si nous ne nous abusons nous-même, ils ne sont pas sans charme, ces *Mémoires pour servir à l'histoire de Linières-en-Berri*, selon le titre que leur ont donné leurs auteurs, titre trop modeste, car, en définitive, ce document forme, à sa manière, une véritable histoire, qui se rattache par bien des côtés à celle de la grande patrie française. Et même au point de vue purement local, par ce temps où beaucoup de bons esprits souhaiteraient de voir s'opérer une plus large décentralisation, n'est-ce pas contribuer en quelque mesure et sous certains rapports à ce résultat désirable que de faire connaître les travaux historiques dans lesquels chaque région se retrouve avec sa physionomie propre, avec ses souvenirs distincts, et de mettre ainsi en lumière le contingent que chaque ancienne ville seigneuriale a pu apporter, dans les siècles écoulés, au faisceau de nos gloires nationales ?

Le présent, si bien rempli de découvertes scientifiques admirables et d'œuvres immortelles, ne saurait concevoir ombrage de ce que le passé a pu avoir de brillant, de louable, d'intéressant, puisqu'il s'agit toujours de notre chère France. Aussi la République ne peut-elle que s'honorer dans toutes les occasions dans lesquelles elle encourage, sans étroitesse, sans parti pris, sans éliminations arbitraires, la recherche et le culte de tous les grands ou de tous les curieux souvenirs de la patrie.

Les *Mémoires* de Gilles-le-Duc, dans leurs premiers cahiers, nous ouvrent des perspectives multiples sur la vie féodale en Berry. Ils ont le mérite de nous montrer la féodalité en action, de nous permettre de la suivre pas à pas, au lieu de ne nous la laisser entrevoir que plus ou moins exactement, dans de vagues linéaments, comme en sont réduits presque forcément à le faire tant de résumés d'histoire générale. Ici, c'est la vie monastique, et la prieure Agnès, et Robert d'Arbrissel, auquel Michelet n'a pas dédaigné de consacrer quelques pages de son *Histoire de France.* Plus loin, ce sont les seigneurs guerroyant les uns contre les autres, et, pour n'en citer que deux, Philippes de Brichanteau transperçant si furieusement le sire de la Rocheagué que son épée vole en éclats contre une des murailles du château du Blanc. Là, c'est Louis de Clèves souffletant son bailli, parce qu'en lui parlant ce bon vieillard, comme l'appelle Gilles-le-Duc, n'avait ôté que son chapeau sans enlever un petit bonnet de velours qu'il portait à raison de sa calvitie. Tel ou tel de ces menus faits ne met-il pas davantage en lumière les mœurs dominantes de l'époque que ne le font les considérations de nos philosophes ou les déclamations de nos pamphlétaires? Heureusement on retrouve aussi, de temps à autre, dans ce manuscrit, des aspects moins rudes de cet organisme féodal, comme ces franchises accordées par Louis XI aux habitants de certaines dépendances du château de Linières, dans un instant de bonne humeur et dans une pensée touchante, en souvenir de ce que Jeanne de Valois avait passé son enfance à l'ombre de ses tours.

Les plus tragiques effets de drames ou de romans ne sont-ils pas dépassés par tels ou tels épisodes des guerres de religion en Berry, par exemple par celui dans lequel nous voyons, d'après les souvenirs populaires, les arquebusiers huguenots jouer à la boule avec les crânes des anciens seigneurs de Linières, lors du sac de l'église, après la profanation de leurs tombeaux? Et, au milieu des horreurs d'une guerre civile plus récente, lors des sièges de Mont-Rond et du Châtelet, quelle scène, si elle est vraie, que celle où des paysans, poussés à bout par les incursions de soldats pillards, et surprenant un parti de douze ou quinze de ces rôdeurs, leur attachent les mains derrière le dos, obligent l'un d'entre eux à égorger ses camarades en lui promettant la vie sauve, et tuent enfin ce malheureux comme les autres, au mépris de la parole donnée? Hâtons-nous d'ajouter qu'avant et après ces pages épouvantables se détachent des chapitres *plus humoristiques* (pour parler le langage contemporain), tel que celui des infortunes d'une des dames de Linières, haute et puissante princesse Catherine d'Amboise, nièce du fameux cardinal de ce nom. Elle avait eu la fâcheuse idée de se remarier pour la troisième fois, à soixante-cinq ans, avec un grand seigneur qui, étant en même temps un débauché de la pire espèce, n'en voulait, comme on pense, qu'à son bien, et lui rendit l'existence impossible. Toutefois elle en fut assez tôt *délivrée*, selon l'expression de Gilles-le-Duc, à la suite d'un accident dans lequel ce triste sire se cassa les reins et, par anticipation sur le vers de La Fontaine,

> Jurant, mais un peu tard, qu'on ne l'y prendrait plus,

elle ne pensa désormais qu'à exécuter les dernières volontés de son second mari, qui l'avait rendue heureuse. Le premier l'avait laissée veuve à vingt ans.

Viennent, plus tard, les descriptions consacrées à la peste, à l'installation des pestiférés, aux soins qu'on leur donnait, et le consciencieux mémorialiste note jusqu'aux salaires des gens qu'on attachait à leur service. Un de nos barons de Linières, déjà nommé dans cette *Introduction*, Philippes de Brichanteau, en grand seigneur qu'il était aussi, disait que les gueux seuls mouraient de ce fléau. Pour plus de sûreté, il quitta néanmoins sa terre, lui qui ne craignait cependant pas les glorieux dangers de la guerre, et regagna Paris, mais il mourut quand même quelques mois plus tard dans la grande ville, tué par des médecins inhabiles, au cours d'une autre maladie.

Je voudrais signaler également la description de l'ancien château de Linières et les péripéties de la construction du château moderne sous les auspices de M. de Nouveau, qui avait, entre autres charges et dignités, celle de *Capitaine des petits chiens du Roy.* L'architecte avait glissé fallacieusement, dans une copie du traité, une lettre de nature à changer le sens d'une phrase à son singulier profit. L'entrepreneur prit d'ailleurs si mal ses mesures qu'un défaut de proportion rendait des plus choquants le coup-d'œil de l'entrée du vestibule, à tel point que M. de Castelnau, qui n'y allait pas de main-morte, voulait occire, sans plus de façons, le maladroit. Ce Castelnau était, du reste, un brave, qui mourait peu de temps après d'un coup de mousquet au siège de Dunkerque, et auquel le roi, pour le récompenser, envoyait le bâton de maréchal au lit de la mort.

Que d'anecdotes seraient à noter encore, au cours de ces *Mémoires,* comme traits de caractère de nombre de ces hautains barons ! Nous avons déjà dit un mot d'un soufflet de Louis de Clèves à son vieux bailli. Plus tard, ce sera un de Beauvais-Nangis que nous verrons répondre à la réclamation par trop vive d'un vilain par un autre soufflet, mais si violent qu'il fait sauter deux dents au pauvre roturier, et ce même Beauvais-Nangis ne garder que vingt-quatre heures sa charge d'amiral de France (qu'il avait, d'ailleurs, également méritée par ses belles actions), pour avoir souffleté, cette fois, un de ses pairs, M. d'Epernon, en présence du roi. Plus tard encore, ce sera le procédé révoltant qu'un Condé emploiera pour se venger, à la suite d'un procès perdu.

Le manuscrit de Gilles-le-Duc jette même, par instants, de précieuses clartés sur certaines figures historiques, par exemple sur celle de la princesse Palatine, Anne de Gonzague, et fait une forte brèche à la version trop exclusive de l'*Oraison funèbre* de Bossuet relativement à la cause réelle de la conversion de cette femme illustre.

Une circonstance qui double l'attrait de ces chroniques à partir de la seconde moitié du XVIIe siècle, c'est que leurs auteurs ont connu les personnages dont ils nous entretiennent et vu (ou tenu de témoins oculaires plus âgés qu'eux) les faits qu'ils relatent. Ainsi Gilles-le-Duc possédait l'estime et la confiance de la princesse Palatine et de la femme de Colbert, de même que J. B. Dupré jouissait de la considération des arrière-petites-filles du grand ministre, dont l'une était nièce du président Hénault. Aussi est-ce avec une complaisance marquée que les deux doyens du Chapitre linérois nous tiennent au courant des cérémonies et honneurs qu'on prodiguait à chaque nouvelle dame, à chaque nouveau seigneur, lors de sa première entrée solennelle dans la terre de Linières. Si Gilles-le-Duc et J. B. Dupré sont (surtout le second) un peu trop portés à flatter la plupart de leurs portraits, ils restent, en général, dans le récit des faits, d'une sobriété de style qui fait parfois contraste avec l'importance ou avec le piquant des évènements et des dates. Telle, pour ne faire qu'une citation dernière, cette allusion à la mort du grand Colbert, survenue deux jours après l'acquisition par lui réalisée de la terre de Linières, de telle sorte qu'il possède cette seigneurie juste assez de temps pour qu'on puisse faire figurer sur sa tombe, à Saint-Eustache de Paris, au milieu de tant de titres et de dignités, sa qualité de baron de Linières.

Il ne me reste qu'à prier ceux qui auront bien voulu prendre la peine de parcourir cette *Introduction*, d'excuser cet aperçu rapide, destiné à vaincre l'hésitation qu'on éprouve parfois à s'engager, sans quelques indications préalables, dans la lecture de *Mémoires* anciens.

J. B. Dupré ayant cru devoir faire précéder d'une *Préface* l'œuvre de Gilles-le-Duc, qui contenait déjà, par elle-même, un court *Avant-propos*, mon *Introduction* ne pouvait être longue.

J'ai pensé, au surplus, qu'il y aurait plus de clarté, pour le lecteur, à trouver, sous chaque passage obscur ou trop concis des *Mémoires*, une note particulière, un commentaire distinct, qu'à me voir faire un prétentieux étalage d'érudition en me livrant par avance à une sorte de dissertation étendue sur tous les éclaircissements que comportent d'assez nombreuses pages du manuscrit.

Dans sa *Préface*, J. B. Dupré reproche quelque peu à Gilles-le-Duc de n'avoir pas suffisamment rattaché l'histoire de Linières à l'histoire générale en consultant plus fréquemment nos historiens nationaux. J'ai comblé sommairement, sous ce rapport, les lacunes les plus saillantes, en rappelant, d'un mot, les dates et les évènements historiques d'une connexité intime et directe avec le sujet traité.

Mes notes ont eu également pour but de faciliter l'intelligence du manuscrit par l'indication du sens de certains mots devenus hors d'usage, par de brèves énonciations de l'état actuel des familles ou des localités dont il est parlé, ou de plus amples sources à consulter, etc. J'ai essayé, en un mot, d'éviter à mes lecteurs des recherches personnelles parfois ingrates et difficiles. En considération de cette intention, je demanderai aux intrépides qui voudront bien ne pas négliger de lire ces annotations, toute leur indulgence pour quelques points peut-être encore incomplets ou défectueux. Ce n'est pas, en effet, une histoire approfondie et définitive de cette partie du Berry que j'ai entendu entreprendre ou refaire sous la forme incidente et détournée de commentaires. Mon but a été plus modeste. Je n'ai voulu que servir de guide dans une certaine limite et non me substituer aux deux auteurs originaux. Je n'ai tenu qu'à livrer à la curiosité des uns, à l'érudition des autres, un document historique de plus, un nouvel ensemble de matériaux profitables à la science du passé, ou plutôt à en assurer plus efficacement la conservation par l'impression. Uni à Linières par des souvenirs de famille, je serai heureux encore si, dans ces bornes restreintes, je puis contribuer, pour mon obscure et bien minime part, à cette patiente et merveilleuse reconstitution historique de l'ancienne France qui est devenue, en même temps qu'un des plus nobles passe-temps de nombre de vaincus de la vie militante, l'œuvre maîtresse de tant de nos illustrations d'aujourd'hui.

Je me reprocherais de clore ces préliminaires sans remercier M. Boyer, dont l'obligeance éclairée m'a plus d'une fois facilité mes investigations.

LUCIEN JENY.

MÉMOIRES INÉDITS

POUR SERVIR A

L'HISTOIRE DE LA VILLE ET DES SEIGNEURS

DE

LINIÈRES-EN-BERRI

PRÉFACE DE J. B. DUPRÉ

Au temps du renouvellement des études, les savans s'appliquèrent particulièrement à étudier l'histoire. Non-seulement chaque royaume, mais chaque province et chaque ville même, voulut avoir son histoire. En particulier, la petite ville de Linières a eu cet avantage. M. Gilles le Duc, doyen du chapitre de cette ville en 1675, le lui a procuré. Son manuscrit est entre les mains de M. Baudon, bailli de Lisle (1) et notaire en cette ville, qui me l'a communiqué de la manière la plus obligeante (2). M. Gilles le

(1) Le château de Lisle, autrefois centre d'un bailliage, existe encore en amont de Linières, sur l'Arnon, et appartient aujourd'hui à M. Deshoulières.

(2) Raynal, *Hist. du Berry*, tome IV, pag. 94, mentionne en note une *Hist. M. S. de Linières, par M. Gaudon* (*sic*), histoire de laquelle il tire des renseignements. Ce M. Gaudon n'est-il pas le même que le Baudon de J. B. Dupré ? S'il y a identité de personne et simple erreur de nom, l'erreur est du côté de Raynal, car le véritable nom est bien Baudon. Peut-être le mot *Gaudon* n'est-il qu'une pure coquille d'imprimerie ? Mais alors Raynal aurait confondu le simple dépositaire de cette histoire M. S. (M. Baudon) avec son auteur réel

Duc avoit passé douze ans, comme il le dit lui-même (1), à faire des recherches. Il avoit consulté pour cela les chartriers du chapitre et du château de Linières, des abbayes d'Orsan, de Chezalbenoit et d'Issoudun. Il paroit aussi qu'il avoit fait part de son travail à M. de la Thaumassière, auteur de l'Histoire du Berri, qui en a fait beaucoup d'usage sans, je crois, lui en avoir fait honneur.

Je crois que M. le Duc n'a rien omis pour ce qui est des chartres dont il a pu avoir connoissance, mais je crains qu'il n'ait pas assez consulté les auteurs originaux de l'histoire de France, qui auroient pu lui fournir quelques traits touchant la ville et les seigneurs de Linières. Peut-être aussi n'avoit-il pas été assez à portée de les consulter en transcrivant ses Mémoires. J'ai cru devoir abréger quelques chartres peu intéressantes en elles-mêmes et retrancher quelques réflexions inutiles, en quoi il abonde, comme quand il dit, au sujet de l'auditoire ou salle d'audience, qu'on avoit changé plusieurs fois de place, qu'il falloit que la justice fût bien malade puisqu'elle tournoit si souvent la tête tantôt à droite et tantôt à gauche, ne pouvant garder longtems la même situation. Il a aussi quelquefois des

(M. le Duc), en attribuant à M. Baudon la paternité de ce travail historique. En tous cas, nous n'avions jamais entendu parler, avant d'avoir lu cette note de Raynal, d'une histoire manuscrite de Linières par un M. *Gaudon*. Ces circonstances, jointes à celles que nous relèverons encore à ce sujet sous les parties des Mémoires consacrées à MM. de La Rochefoucault-Barbezieux et Philippes de Brichanteau, nous déterminent à nous arrêter, jusqu'à preuve contraire, à l'hypothèse d'une erreur ou d'une coquille.

M. Porcheron, l'un des successeurs de M. Baudon comme notaire, a vainement recherché l'original de l'Hist. M. S. de M. le Duc dans les archives de cette étude. On n'a retrouvé, dans ces archives, qu'un Livre terrier de la baronnie de Linières, daté de 1603-1608, et dont M. Porcheron a fait hommage aux Archives départementales du Cher (série E, 863. Registre in-4°, 358 feuillets, papier). Nous aurons occasion de reparler de ce terrier.

(1) Voy. plus loin liv. I chap. VI des Mémoires, sous Jean II, et Eudes, son frère.

réflexions sur la religion qui sont trop communes et pas assez dignes du sujet qu'il traite.

D'ailleurs il rapporte exactement les faits dont il a eu connaissance, comme j'ai eu occasion plusieurs fois de m'en convaincre. Je ne garantirois pas néanmoins la généalogie des premiers seigneurs de Linières, généalogie dont lui-même paroit assez se défier. Quoi qu'il en soit, on doit lui savoir gré de son travail. Il cite quelquefois les *Mémoires* d'un chanoine appelé Jacquemet que, jusqu'ici, je n'ai pu me procurer (1).

M. le Duc paroit avoir été un homme de mérite, estimé particulièrement de Madame la princesse Palatine, qui se connoissoit bien en gens de cette sorte. Il montre partout beaucoup de respect pour la religion. Il parle des seigneurs de Linières en termes fort respectueux et n'oublie aucune occasion d'en dire du bien. Il a été doyen du chapitre depuis 1675 jusqu'en 1700, que son mérite le fit élever à la dignité d'Official et Grand Vicaire de Limoges. Je crois que c'est lui qui a fait construire le presbytère tel qu'il est aujourd'hui, peut-être avec le secours de Madame Colbert qui avait pour lui une considération distinguée. Ses armes parlantes, qui sont un duc ou dauphin sculpté en pierre, sont au-dessus de la porte d'entrée (2).

Comme il n'a pu conduire son histoire que jusqu'à M. le

(1) M. François Jacquemet devait être chanoine du chapitre de Linières au commencement du XVIIe siècle. — J'ai ouï dire par certaines personnes que l'Archevêché de Bourges avait dû posséder le manuscrit de ses Mémoires, mais ce manuscrit aurait alors été détruit dans l'incendie qui a consumé une partie du palais archiépiscopal, car il paraît certain que ce document est aujourd'hui introuvable. J'ai, au surplus, sous les yeux, un Annuaire du Cher de l'an VI (imp. Manceron), indiquant même (pag. 41) qu'il ne restait déjà plus, dès cette date, que des *fragments* de l'œuvre de François Jacquemet.

(2) Ce *duc* ou *dauphin* (pour nous servir des dénominations du manuscrit) n'existe plus aujourd'hui : il ne reste que l'écu sur lequel ces armes parlantes étaient sculptées.

Marquis de Seignelay, Ministre de la Marine (1), et qu'il engage ceux qui viendront après lui à la continuer, j'ai cru devoir ajouter les articles de M. le Comte de Seignelay et de son fils, puis ceux de Mesdames les comtesses de Jonsac et de Lordat, que j'ai connues particulièrement. J'aurais désiré que M. le Duc eût commencé son histoire par quelques réflexions sur la ville de Linières, mais comme il ne l'a pas fait, je tâcherai de le faire à son défaut.

La petite ville de Linières en Berri (2), située sur la rive gauche de la rivière d'Arnon (3), à égale distance des villes de la Châtre, Issoudun et St-Amand, paroit devoir son origine au château voisin de son enceinte. Elle ne présente aucun monument qui paraisse d'une antiquité bien remarquable, et, s'il est permis de hasarder une conjecture, cette terre me paroit avoir été ce qu'on appeloit autrefois, sous les empereurs romains, un bénéfice militaire (4) et sous les rois francs une terre salique, que les princes donnoient à leurs officiers avec du bétail et des esclaves, à condition du service militaire, et si l'on peut juger du mérite et de la qualité des personnes à qui on la donnoit par l'étendue des possessions, et par les droits qui y étoient attachés, on peut croire que c'étoient des officiers considérables.

(1) Décédé le 3 novembre 1690, comme nous le verrons plus loin.

(2) C'est à dessein que dans l'intitulé, et parfois dans le corps du manuscrit, Linières est dénommé Linières *en Berri*. On sait, en effet, qu'il existe dans d'autres parties de la France au moins une dizaine d'autres localités dont le nom s'écrit ou se prononce de même.

(3) Chaumeau, *Hist. du Berry*, pag. 261, parle des prairies *plaisantes et délectables* qui entourent Linières, et Raynal, également dans son *Hist. du Berry*, NOTIONS PRÉLIMINAIRES, pag. XIV, consacre aussi une mention spéciale à ce riant paysage.

(4) L'emplacement sur lequel a été construite la ville paraît même avoir été un centre d'habitation dès les temps les plus reculés. M. Porcheron, ancien notaire, y a fait des découvertes qui en témoignent et qui sont relatées succinctement au mot Linières de l'ouvrage de M. Ludovic Martinet, sur le *Berry préhistorique* (Bourges, lib. David, 1878). Consult. aussi ce que M. Martinet dit du tumulus de la *Theuratte,* à deux kilomètres de Linières, etc.

Comme au commencement les bénéfices militaires ou terres saliques ne pouvoient être possédés par des femmes, et que les enfants mêmes de ceux qui les avoient possédés n'en héritoient pas, à moins qu'ils ne fussent agréables au souverain, et qu'ils n'embrassassent la profession des armes, ces terres devoient souvent changer de maîtres. C'est la raison sans doute pourquoi les seigneurs de Linières ne commencent à être connus qu'assez tard. Ce ne fut que vers la fin de la seconde race de nos rois, que la faiblesse du gouvernement ayant permis de tout oser, les différens seigneurs s'approprièrent ce qu'ils ne possédoient auparavant qu'à titre de bénéfice. C'est aussi vers le tems dont nous parlons que les seigneurs de Linières commencent à être connus.

Mais comme, dans ce temps là, la France étoit plongée dans la barbarie, on ne s'avisoit guères d'écrire ce qui se passoit, mais bien moins dans un endroit aussi peu considérable, car il n'étoit encore appelé, pour lors, que *villa*, c'est-à-dire *bourg* ou *village*, et ce ne fut que vers l'an 1268 qu'une dame de Linières (1) l'ayant fait entourer de murailles dont on voit encore quelques vestiges, on commença à l'appeler *ville*. Cette ville n'est guères plus considérable qu'elle ne l'étoit autrefois, car elle est à peine composée aujourd'hui (en 1786), de 200 feux.

Si l'on en croit l'auteur d'un *Traité sur le chanvre*, cité dans l'*Encyclopédie*, sa dénomination vient de ce qu'on y cultivoit autrefois beaucoup de lin, ce qui l'a fait appeler Linières ; j'ignore sur quoi il se fonde, mais personne n'en cultive aujourd'hui aux environs de cette ville (2).

(1) Jeanne de Villebeon, femme de Guillaume IV. (V. plus loin, liv. I chap. IX des Mémoires).

(2) Cependant M. Porcheron, dont nous avons déjà eu occasion de prononcer le nom, a eu entre les mains, alors qu'il était notaire à Linières et en cette qualité, des baux du XVIIe siècle mentionnant des redevances en lin. Nous trouverons, en outre, plus loin, au cours du manuscrit de Gilles-le-Duc (liv. I, chap. VI, Jean II et Eudes, son frère), une allusion à des dîmes en lin, dans un acte de l'an 1175. Le

Un fait rapporté par M. Duclos, dans l'*Histoire de Louis XI*, prouve que le Duc d'Orléans, depuis Louis XII, et Jeanne de Valois, son épouse, alloient souvent à Linières (1). M. de Beaujeu fut assigné (2), lorsque ce prince voulut faire casser son mariage.

Il est impossible aujourd'hui de savoir en quel tems la religion chrétienne a commencé d'être connue dans ce lieu-ci ; aucun monument n'en fait mention. On peut dire seulement qu'il paroit avoir dépendu de la paroisse de Saint-Hilaire (3), puisque, quand on a voulu fonder une paroisse

manuscrit de M. de Barral sur les *Châteaux, Abbayes et Monuments du Cher*, pag. 39 (manuscrit déposé à la Bibliothèque de la ville de Bourges), donne également, comme étymologie à Linières, le mot *lin*, à raison, dit-il, de la grande quantité de lin qu'on cultivait dans ce canton. Dans tous les vocabulaires, en effet, une *linière* signifie une *plantation de lin*. Toutefois, M. de Barral ajoute que le chanvre a pris la place du lin dans les temps modernes. Cette préférence acquise par le chanvre sur le lin expliquerait la réflexion de J. B. Dupré, que déjà, de son temps (1786), on ne cultivait pas ou plus de lin à Linières, tout en permettant de conserver son ancienne exactitude à l'étymologie dont il s'agit, ce qui concilierait peut-être toutes les opinions sur ce point. Le *Traité sur le Chanvre*, dont parle J. B. Dupré, paraît être un *Traité sur la Corderie*, de M. Duhamel du Monceau, inspecteur de la marine, dont l'*Encyclopédie* résume plusieurs passages.

(1) On trouvera quelques allusions à Jeanne de Valois, soit dans nos Notes, soit dans le manuscrit de Gilles-le-Duc, sous les chapitres consacrés à François, puis à Jacques de Beaujeu. Il résulte de l'*Histoire de Louis XI*, de Duclos (édit. Guérin et Prault, 1745, tom. II, pag. 419, à la note), que Louis XII *venait voir Jeanne de Valois à Linières et qu'il y passait quelquefois dix ou douze jours*. Le fait auquel J. B. Dupré fait allusion a trait à l'instance en nullité du mariage contracté entre Louis XII et Jeanne de France et tendait à prouver, en réponse à l'un des moyens invoqués à l'appui de cette nullité, la consommation de rapports charnels entre les deux époux, cela à Linières même. Cette anecdote est tellement scabreuse que Duclos ne la rapporte presque entièrement qu'en latin.

(2) Comme témoin dans la procédure d'enquête.

(3) Aujourd'hui commune de Saint-Hilaire-en-Linières, à environ 4 kilomètres de Linières.

à Linières, on a été obligé de reconnoitre sa dépendance par un droit de patronage qui se paie encore aujourd'hui. Il paroit néanmoins que les seigneurs de Linières avoient très anciennement une chapelle dans le château. Je crois qu'ils y avoient attiré des moines d'Issoudun ou du Bourg-Dieu, qui ont ensuite exercé le ministère pastoral. Il paroitrait qu'ils auroient été logés premièrement dans le château, et que les seigneurs de Linières ayant ensuite fondé le prieuré de Saint-Blaise, ils s'y seroient transportés. Peut-être y ont-ils transporté pour quelque tems le service paroissial, car, outre qu'il y avoit autrefois un cimetière (1), la tradition porte que la paroisse y étoit établie. Cependant il y avoit un prêtre séculier à Notre-Dame : il en est fait mention dans une chartre de 1171.

Si la paroisse a été autrefois à Saint-Blaise, il est difficile d'assigner le tems auquel elle a été transportée à l'église de Notre-Dame. Ce qu'il y a de certain, c'est qu'elle y étoit en 1473, lors de la fondation du chapitre. Alors le curé de la paroisse devint en même tems chef du chapitre. Ceux qui ont possédé cette dignité successivement, ont été *Jean Raymond*, *Pierre Robin*, *Jean de Segry*, *Jean Chevrier*, *Gilles de Bonfort*, *François de Prie*, *Antoine Lemoine*, *Triphon Macard*, *Louis Gohorry*, *Michel Gohorry*, *Pierre Descortys*, *François Groguet*, *François Blaise*, *Gilles le Duc*, *Pierre Girault*, *Ignace Becuau*, *Nicolas des Boulayes*, *l'Hémerault*, *Gatien Doulceron*, *Claude Jacquet et Jean-Baptiste Dupré*.

L'église paroissiale paroit avoir été bâtie à différentes fois. Elle a été brûlée par les protestans, de façon qu'il n'y resta que les murs. Le portail en paroit ancien et je ne crois pas qu'il soit plus récent que le VIIIe ou le IXe siècle.

(1) De nos jours, le cimetière, après avoir été situé autour de l'église paroissiale de Notre-Dame pendant une certaine période de temps, a été reporté de nouveau sur l'ancien emplacement du prieuré de Saint-Blaise. En creusant les fosses, il arrive qu'on trouve encore des dallages et substructions de cet antique prieuré.

Les chapelles collatérales ont été bâties successivement. La dernière est celle de tous les saints.

Au tems de la prétendue Réforme, quelques habitans de Linières embrassèrent les nouvelles opinions, mais on ne voit pas que les seigneurs de Linières les aient jamais suivies. La plupart de ceux qui s'y étoient laissés aller firent abjuration lors de la révocation de l'Edit de Nantes, comme on le voit par les registres de la paroisse (1).

(1) Les archives municipales de Linières possèdent encore tout ou partie des petits registres sur lesquels furent consignées ces abjurations. Ces actes de renonciation au protestantisme étaient rédigés d'après une formule uniforme, dont le modèle émanait sans doute de l'Archevêché.

AVANT-PROPOS DE GILLES-LE-DUC

La terre et baronnie de Linières-en-Berri est une des plus belles (1) et des mieux titrées de la province. Aussi a-t-elle eu l'avantage, de tous tems, d'être possédée par les plus grands seigneurs du royaume. La mémoire s'en est conservée depuis sept ou huit cents ans, dont ceux qui l'ont possédée l'espace de cinq cents ans en portoient le nom, avec les titres éminens de sires, princes et de barons de Linières. Mais cette illustre famille étant venue à manquer faute de mâles de la branche des aînés, la terre passa par mariage en la maison de Beaujeu, ensuite par donation en celle d'Amboise, où elle ne fut que peu de tems, pour passer en celle de La Rochefoucault-Barbezieux, et de celle-ci par mariage en celle de Brichanteau Beauvais-Nangis, où elle est demeurée jusqu'au décès de Marie de Brichanteau, dont les héritiers la vendirent à messire Jérôme de Nouveau, et ses créanciers à la princesse Anne de Gonzague de Clèves, veuve d'Edouard, prince palatin du Rhin, qui l'a enfin vendue à M. Jean-Baptiste Colbert, Ministre-Secrétaire d'Etat et Contrôleur général des finances, dont la famille en est maintenant en possession.

Dans le dessein que j'ai eu de rédiger par ordre les recherches que j'ai faites de tous les seigneurs de Linières et de

(1) Même appréciation dans La Thaumassière, *Hist. du Berry*, liv. VIII, chap. XXIX, pag. 659 de l'édition de 1689. — Ce sera cette édition que nous citerons au cours de ces Notes, par pages, livres et chapitres, sans répéter à chaque citation qu'il s'agit de l'*Histoire du Berry*. Lorsque nous renverrons à d'autres travaux du même auteur, par exemple à ses *Coutumes locales*, nous aurons soin, alors, d'indiquer expressément les titres de ces ouvrages, pour prévenir toute confusion.

ce qui s'est passé de leur tems dans cette terre, j'ai été prévenu par M. de La Thaumassière, auteur de l'*Histoire du Berri*, qui m'a demandé mes Mémoires *pour conférer avec les siens*, et qui les a *presque tous suivis* (1), ce qui fait que je me rencontrerai souvent avec lui dans la description que je vais faire, et je n'oublierai rien de ce que je trouverai dans son histoire, pourvu que je n'y voie pas de contradiction avec le dessein que j'ai de diviser ces recherches en autant de chapitres qu'il y a eu de personnes qui ont possédé cette terre. Je commencerai donc ce livre (premier), qui contiendra tous les seigneurs qui ont porté le nom de Linières, par Eudes Ier, prince de Linières.

(1) On se souvient que J. B. Dupré a mentionné dans sa préface (pag. 16) ce fréquent usage fait par La Thaumassière du travail de Gilles-le-Duc.

LIVRE PREMIER

EUDES I, Prince de Lignières.

CHAPITRE I.

On ne peut pas bien savoir en quel temps vivoit Eudes ou Odo de Linières. Il y a même tout lieu de croire que celui-ci n'est pas le premier, parce qu'il y en a eu plusieurs de ce nom, et même il n'est pas bien facile de démêler si ces Eudes et tous ceux qui sont rapportés ci-après ont été Seigneurs de Linières ou s'ils en portoient seulement le nom, étant Seigneurs d'autres grosses terres.

C'est pourquoi nous ne parlerons pas juste (*sic*) jusqu'à ce que nous puissions justifier les dates et connoître par les chartres que nous rapporterons, le tems de la vie de ces Seigneurs.

Et comme nous ne pouvons avoir de meilleures connoissances que par les chartres des Abbaïes de Chezalbenoit et d'Orsan, auxquelles les Seigneurs de cette terre ont fait beaucoup de bien, il faut établir le tems de leur fondation, et savoir que celle là fut fondée vers l'an 1093 et celle-ci vers l'an 1100. Après nous pouvons dire (sans rien assurer) qu'il y a eu des Seigneurs de Linières des noms d'Eudes (1) et de

(1) En novembre 1031, on trouve un Eudes de Linières dans un concile régional convoqué par Aymon, archevêque de Bourges, et auquel assistaient non seulement des évêques et des abbés, mais encore de nombreux seigneurs du pays (RAYNAL, *Hist. du Berry*,

Seguin avant et après l'établissement de ces deux Abbaïes, puisque la Thaumassière remarque que, vers l'an 1072, il y avoit un Seguin de Linières dont il est parlé dans une chartre d'Eudes de Déols, prince d'Issoudun, pour le chapitre de Saint-Ursin de Bourges, qui pouvoit être le père (plutôt que le fils) de cet Eudes dont nous parlons, puisqu'il vivoit vingt ans avant que l'abbaïe de Chezalbenoît fût établie. Mais enfin puisque Odo est le premier que j'aie trouvé dans les archives de Chezalbenoît, je commencerai par lui, en rapportant les termes qui y sont énoncés : « Odo de » Lineriis, Princeps clarissimus, tempore Philippi Fran- » corum Regis, restituit monasterio Navensi Ecclesiam » de Fulgeriolâ. » Ce roi Philippe ne peut être que Philippe premier, qui régna depuis l'an 1059 jusqu'a 1106 (2). La charte de cette restitution est signée par Eudes père et par ses quatre fils, dont les noms sont Pierre, Eudes, Renolt et Seguin (3). Ce peut bien être encore cet Eudes premier qui donna au monastère d'Orsan la terre de Villomiers, donation que Seguin et Pierre, ses fils, confirmèrent après. Voici ce qui en est rapporté dans les chartres d'Orsan :

« Odo de Lineriis dedit Deo et Sanctæ Mariæ et » Sanctis monialibus Ursani, terram Villosmerii, vulgò

tom. I, pag. 380). — Particularité qui semblera bien curieuse aujourd'hui, on voyait siéger à ce concile même des femmes, entre autres Mathilde, dame de Saint-Satur, âgée alors de 21 ans seulement. (Chavaudret, *Causeries sancerroises, Journal de Sancerre* du 3 juillet 1870).

(2) Pour plus d'exactitude, Philippe Ier a régné du 1er août 1060 au 29 juillet 1108.

(3) Cette charte est de 1061. Celui des fils d'Eudes que le manuscrit de Gilles-le-Duc appelle Renolt y est dénommé *Ranulfus*. (Fonds de Saint-Sulpice. Fougerolles, L. 1, C. 1) La Thaumassière traduit *Renoul* (liv. VIII, chap. xxxii, pag. 661).

» Villomiers, quam postèa Seguinus filius ejus dedit » et concessit in manu Agnetis priorissæ quidquid in » dominio vel in casamento sive casualito in eam » habebat, et omnia quæ feodales sui eis dederint » vel vendiderint. Hoc donum factum 4 nonæ novem- » bris. Hoc affirmavit et concessit Petrus frater ipsius » Seguini. »

Il y a une croix qui étoit la signature de Seguin. Il y a apparence que des quatre enfans d'Eudes premier, il ne lui en a succédé que deux, savoir Pierre et Seguin, et il semble même que c'est Seguin qui a succédé au nom et à la Seigneurie de Linières (1).

SEGUIN, Seigneur de Linières.

CHAPITRE II.

Il n'y a rien de plus constant que Pierre et Seguin étoient fils d'Eudes et qu'ils lui ont succédé, puisqu'en suite de la chartre d'Orsan ci-dessus est écrit ce qui suit dans le même feuillet :

« Petrus de Lineriis et Seguinus frater ejus dede- » runt Sanctis monialibus quidquid feodales sui » dederint vel vendiderint ubicumque sit. Similiter » dederunt Sanctis monialibus terram de Molendinis » quidquid ipsi hic habebant. » Et de suite : « Petrus

(1) On peut encore noter qu'Eudes de Linières figure, avec son fils Pierre, dans un acte non daté par lequel l'archevêque Richard (1071-1092) fit don au Chapitre de Bénévent (dioc. de Limoges), de l'église de Maillé, près de Cluis. Eudes intervient à cet acte, concurremment avec les comtes de Gargilesse, pour consentir à cette donation. (Cartul. de Bénévent, Bibl. nation., Mss. Gaignières, vol. 183, pag. 114 et suiv., d'après M. de Maussabré.)

» de Lineriis donavit in omnibus silvis suis pastum » porcorum (excepto bono de Balsachiis), et quidquid » eis vel hominibus suis necesse fuit. »

Du tems d'Agnès, prieure d'Orsan (1), Seguin de Linières est témoin dans une chartre de donation faite au dit monastère par Geoffroy et Girault de Montfort, consentie par Raoul de Déols et dame Finion, sa femme, et Ebbo, leur fils.

S'il en faut croire M. de la Thaumassière (2), çà été Pierre de Linières, frère de Seguin, fils d'Eudes premier, qui a bâti et fondé le prieuré de Saint-Blaise de Linières où il établit des religieux et choisit sa sépulture. Il se trouve quelque chose dans les archives de Chezalbenoist qui confirme cette pensée, car j'y ai lu ces paroles énonciatives : « Petrus dominus » de Lineriis, etc. » Ce qui est certain, c'est que le fondateur de ce prieuré s'appelait Pierre, et qu'il y est enterré. On le scait par une inscription tronquée qu'on a découverte (3) : « *Hìc..... Petrus de Lineriis.* » Mais on ne scait ni le tems (4) ni le lieu (5) de la fondation du

(1) Cette Agnès, première prieure d'Orsan, dont il est encore plusieurs fois question dans le cours de ces Mémoires et que quelques chartes appellent comtesse des Aix, avait été mariée à Adelard de Guillebaud, seigneur de Châteaumeillant, puis, séparée pour cause de parenté, s'était faite religieuse. C'était une des ferventes admiratrices de Robert d'Arbrissel, dont nous dirons un mot quelques pages plus loin.

(2) Liv. VIII, chap. XXIX, pag. 660.

(3) Cette inscription a dû être détruite par la suite. On m'a toujours assuré qu'elle n'existait plus.

(4) La Thaumassière (liv. VIII, chap. XXIX, pag. 660) donne l'an 1110 comme date de la fondation de ce prieuré de Saint-Blaise.

(5) L'emplacement du prieuré de Saint-Blaise (*assis au Fauxbourg*, dit La Thaumassière, loc. cit.) touche à Linières même et est bien connu. Gilles-le-Duc veut sans doute dire simplement qu'on ignore dans quelle localité fut dressé l'acte de fondation.

dit prieuré, parce que les archives du prieuré d'Issoudun, dont il dépend, n'en disent rien. Elles parlent seulement de quelques Seigneurs de Linières (dont il sera question ci-après), qui en ont été les bienfaiteurs et non les fondateurs. Voilà tout ce qui se trouve de Pierre et de Seguin, et on ne scait pas bien lequel fut Seigneur de Linières, ou s'ils le furent tous deux, et je ne vois rien même qui me puisse apprendre lequel étoit père de Giraud (1) (qui suit), dont on ne connoit pas effectivement l'origine, mais on scait bien que ses enfans lui ont succédé à la Seigneurie de Linières.

GIRAUD DE LINIÈRES.

CHAPITRE III.

Nous n'avons rien qui nous assure bien positivement que ce seigneur ait possédé cette terre, mais il est bien certain qu'il étoit de la famille, et qu'il avoit des seigneuries dans ce païs. On ne scait pas quel étoit son père, on scait seulement qu'il a eu plusieurs enfans, et que sa postérité a fourni des seigneurs à cette terre, et que, quand il n'y auroit que la donation qu'il fit à Chezalbenoit (dont je rappellerai ici le testament), on peut dire qu'il étoit de la maison dont nous parlons. Ce testament n'a point de date, mais je présume qu'il a été fait vers 1110, et ce seigneur étoit déjà nommé dans la chartre d'Etienne le Noir, pour la même abbaïe de Chezalbenoit, avec Guillaume et

(1) La Thaumassière (liv. VIII, chap. XXXIII, pag. 662) se borne à énoncer que ce *pouvait être* Seguin, sans motiver autrement cette supposition.

Seguin, ses enfans (donnée l'an 1094.) Il est encore comme témoin dans une chartre d'Orsan, par laquelle trois frères nommés Odo, Mars, et Isambert de Saint-Chartier, donnent quelques terres à Agnès, première prieure d'Orsan, pour avoir reçu leur mère religieuse, mais c'est peut-être Giraud fils de Jean (dont nous parlerons ci-après). Voici le testament de Giraud, par lequel nous apprenons le nom de sa femme et de ses sept enfans : « Ego dominus Giraldus de Lineriis, etc., » hoc donum (1) facio concedente et volente uxore » meâ Karulâ (*sic*) et filiis meis Guillemo, Seguino, » Joanne, Petro, Stephano, Bernerario, Reinaldo (2). »

(1) Giraud avait donné un homme serf avec ses biens, d'après La Thaumassière, liv. VIII, chap. XXXIV, pag. 662.

(2) LA THAUMASSIÈRE, loc. cit., traduit Bernier et Reynaud. — On trouve aux Archives du Cher, fonds d'Orsan, L. de Saint-Baudel, un accord de 1152 entre les religieuses de ce prieuré et *Giraudus, filius Petri de Lineriis*, au sujet du moulin de Beauvoir, accord passé devant l'archevêque de Bourges. S'agit-il du Giraud objet de ce chap. III de Gilles-le-Duc ? Ce document prouverait alors que ce Giraud serait fils de Pierre et non de Seguin, contrairement à la supposition de La Thaumassière (note 1, pag. 29). Si la date de 1152 paraissait un peu tardive pour être applicable à ce Giraud, ne s'agirait-il pas alors d'un Giraud plus récent, fils du Pierre qui se trouve presque partout nommé avec le Jean de Linières du chapitre IV? Ce Jean de Linières a eu un fils appelé Giraud, devenu trésorier de Saint-Martin de Tours, mais Pierre, dont Gilles-le-Duc ne nous donne pas la descendance, peut avoir eu également un fils pareillement nommé Giraud et revendiquant des droits sur le moulin de Beauvoir.

JEAN DE LINIÈRES et ses Frères.

CHAPITRE IV.

La chartre ci-dessus nous donne un grand jour sur l'antiquité de cette maison et nous ne parlerons plus par conjectures, mais étant certain que Giraud de Linières avoit sept enfans mâles dont les noms sont connus. Il y en a peu dont nous n'ayons quelque connoissance (à la réserve de Guillaume et de Seguin, qui étoient les deux aînés) car nous savons certainement que Jean a été seigneur de Linières, *et Pierre, son frère, se trouve presque partout nommé avec lui.* Etienne est qualifié, dans un titre d'Orsan, comte de Linières, étant nommé avant son frère Bernier dont la femme s'appeloit Adelarde. Il y avoit même, dans ce tems là, deux religieux dans l'Ordre de Fontevrault, dont l'un s'appeloit Geoffroy et l'autre Simproy de Linières, comme nous le verrons dans les chartres suivantes.

Il est certain que Jean fut seigneur de Linières, qu'il épousa Aénor d'Amboise (1), fille de Sulpice I du nom, sieur d'Amboise et de Chaumont, dont il eut quatre enfans, savoir : Guillaume, Giraud, Eudes et Seguin.

Jean et Pierre de Linières furent présents au procès-verbal de la fulmination d'une bulle émanée du pape Pascal (qui mourut en 1118), fulminée par Léger, archevêque de Bourges (qui décéda en 1120), pour relever les moines de Chezalbenoit d'un scrupule de simonie fondé sur ce que l'abbé André, obtenant per-

(1) La Thaumassière (liv. VIII, chap. xxxv, pag. 662) donne en détail l'*extraction et parenté* de cette Aénor d'Amboise, l'une des plus anciennes dames de Linières connues.

mission du prieur et du chapitre de Saint-Cyr d'Issoudun de bâtir une Eglise au lieu où est à présent l'abbaïe, le dit chapitre d'Issoudun avoit retenu (comme par droit de cens et de reconnoissance) une demie livre d'encens et cinq sols de rente, ce que les moines de ce tems là crurent être une simonie et ne voulurent jamais se laisser persuader du contraire au pape même, qui fut obligé de leur envoyer une bulle d'absolution adressée à Léger (pour lors archevêque de Bourges), qui vint sur le lieu et y convoqua les grands seigneurs du pays, en présence desquels il mit les moines hors du chapitre et de l'abbaïe, les déclara exemts et déchargés de cette redevance, après quoi il les fit rentrer, leur donna l'absolution et les remit tout de nouveau en possession. J'en ai vu le procès-verbal signé de Jean et de Pierre de Linières, frères : ceci se passait vers 1115.

Jean est présent avec les barons et les plus grands seigneurs de Berri qui confirmèrent tous les dons qu'ils avoient faits au prieuré d'Orsan, en reconnoissance de quoi Léger, archevêque de Bourges, dom Robert d'Arbrissel (1), et les autres frères qui y étoient, les associèrent à la participation de toutes les prières et bonnes œuvres de l'ordre et du monastère. Cette chartre est de 1113. Voici les noms de ces barons :

(1) Robert d'Arbrissel, comme plus d'un des personnages désignés en passant dans notre manuscrit, s'est fait un nom dans l'histoire du Moyen-Age. Il fut le fondateur de l'abbaye de Fontevrault et le promoteur de nombreuses fondations du même ordre. Il contribua puissamment à la réhabilitation de la femme en lui ouvrant ainsi des asiles dans lesquels il la plaçait même au-dessus de l'homme. Avec sa grande expérience de la vie, il ne choisissait pour abbesses que des veuves, plus aptes à gouverner les affaires extérieures et à se reconnaître au milieu du tumulte du monde que des vierges élevées dans le cloître, c'est-à-dire presque exclusivement dans les choses spiri-

« Raoul de Déols, Geoffroy d'Issoudun, Jean de Linié-
» res, Elie d'Huriel, Humbert de Sainte-Sévère (1). »

Joannes Lineriensis est ainsi nommé dans une autre chartre d'Orsan, par laquelle Giraud Gaspiaux donne au dit couvent, entre les mains de Jean de Linières, le bois de Gaspiaux.

Du tems d'Agnès, première prieure d'Orsan, il se fit

tuelles et dans la contemplation. Dans ses prédications au dehors, il s'adressait de préférence aux grandes pécheresses et leur révélait un Dieu d'une incommensurable miséricorde. — Michelet (*Hist. de France*, tom II, pag. 298, édit. Hachette, 1835) a consacré, comme beaucoup de nos historiens, quelques pages à cette originale physionomie de breton mystique et infatigable dans son apostolat.

(1) Cette charte de 1113 est publiée en entier dans son texte latin par Raynal (*Hist. du Berry*, tom I, pièces justificatives, pag. 481), avec cette référence : « *Archives du Cher, fonds d'Orsan, ancienne copie* ». Il sera facile à nos lecteurs de se reporter à l'ouvrage de Raynal. Six ou sept autres au moins des documents cités dans les présents *Mémoires* se retrouvent également *in extenso* dans les *Coutumes locales du Berry*, de La Thaumassière, d'autres dans Chaumeau, d'autres encore aux Archives du Cher, etc., et nous indiquerons ces sources au fur et à mesure, ainsi que toutes celles que nous pourrons découvrir. Les chartes qui ne sont rappelées, dans notre manuscrit, que par leurs préambules, figuraient peut-être *intégralement* dans l'original des Mémoires de Gilles-le-Duc, soit au cours du texte, soit comme pièces annexes. Mais nous n'avons jamais eu en mains cet original, dont la conservation et l'existence actuelle sont même, croyons-nous, fort douteuses. Il nous serait donc impossible, avec nos moyens limités d'investigations, de reconstituer la teneur exacte de toutes les chartes citées. Quelques-uns de ces documents sont peut-être encore ensevelis dans les parchemins provenant des anciennes abbayes, ou des établissements religieux de toute nature, ou conservés épars dans des collections ou dans des bibliothèques privées, et plus d'un doit se trouver détruit ou perdu sans retour. Les érudits pourront tenter de compléter par eux-mêmes nos recherches, au vu des données de notre manuscrit. Quant aux simples curieux, les chartes que nous reproduirons ou à la source desquelles nous renverrons d'une façon précise dans le cours de ces notes, suffiront à leur donner un aperçu de ces vénérables écrits des âges anciens.

encore un autre don entre ses mains au dit prieuré, où Guillaume, fils de Jean de Linières, est témoin, et, vers ces tems-là, Sulpice de Bordaosel (c'est peut-être d'où vient le nom du fief de Bourdoiseau, dans la paroisse de Mont-Louis, près Villiers), Girault, Sulpice, et Josbert, ses fils, donnèrent un fief au dit Orsan, entre les mains d'Agnès, prieure :

« Præsentibus his testibus, barone capellano de Li-
» neriis et Joanne domino de Lineriis et Villelmo et
» Odone, filiis ejus. »

Du tems d'Isambert, troisième abbé de Chezalbenoit, qui pouvoit être, vers 1127, Humbert de Sainte-Sévère (dont il est parlé ci-dessus) (1), fils d'Elie de Sainte-Sévère, voulut réclamer : « Calumniatus (2) est », dit la chartre, contre la donation que sa mère avoit faite à l'abbaïe de Chezalbenoit, du moulin de la Celle. L'abbé Isambert et le seigneur de Sainte-Sévère vinrent à Linières avec Jean le Bègue, et là Humbert ratifia la donation, en présence de Jean de Linières.

Du tems de Raoul, quatrième abbé du dit Chezalbenoit, Raymond, fils de Raymond de Morlat, donna à l'église de Chezalbenoit tout ce que les moines pourroient acquérir dans la terre et dans la forêt de Soages, en présence de Pierre de Linières, et c'est de là que le prieuré et la ferme de Soages, dans la paroisse de Morlat, dépendent de Chezalbenoit.

Quoique Jean fût sans contredit seigneur de Liniè-

(1) Page 33. La Thaumassière traduit Humbaud au lieu de Humbert.

(2) On sait qu'en effet le verbe latin *calumnior* signifie non seulement calomnier, mais *critiquer* d'une façon peu fondée, *chicaner*. Et il est vraisemblable qu'en effet la prétention d'Humbert n'était pas très soutenable puisque celui ci, d'après la charte, n'y persista pas et finit par ratifier la donation faite par sa mère.

res, il falloit que Pierre demeurât avec lui, ou dans quelqu'autre terre de ce païs-ci, car, dans les affaires de conséquence, ils étoient rarement appelés l'un sans l'autre : ainsi du tems du même Raoul quatrième, un Raoul, seigneur du château de Déols, qui vivoit avant l'an 1138, donnant à l'abbaïe de Chezalbenoit tout ce que deux hommes peuvent faucher de foin dans le bois Coutau « qui vocatur » « Bos (1) Coutale », et tout bois à bâtir, et toutes autres utilités au dit bois, demanda le consentement de Jean et de Pierre de Linières, qui l'ont donné en ces termes : « Ego » Johannes de Lineriis et Petrus, frater meus, huic » donationi Radulphi Dolensis sponté assensum de- » dimus. »

Les deux mêmes seigneurs Jean et Pierre, son frère, sont témoins à la ratification que firent Aalis (2), la fille, et les deux neveux d'Adelard de Châteaumeillant, de ce que le dit Adelard avoit donné à Robert d'Arbrissel, et cette ratification fut faite à Léger, archevêque de Bourges, et à Agnès, prieure. Il y a encore une autre chartre, où il est fait mention de la présence de Jean de Linières et de sa femme Aénor et de leur fils Guillaume. De toutes ces chartres et de tous ces mémoires on peut inférer que Jean premier a été seigneur de Lignières environ vingt-cinq ans, savoir depuis l'an 1115 jusqu'en 1140, et qu'il y a toujours eu une grande union entre lui et son frère Pierre, comme il paroit par tout ce que dessus, et encore spécialement par la chartre suivante que La Thaumassière appelle son testament, mais il le fit donc plus de vingt

(1) Les mots *bos*, *boscus*, étaient parfois employés, dans la basse latinité du temps, comme synonymes ou diminutifs de *silva* (Glossaire de Du Cange).

(2) Peut-être doit-on lire Alix ou Adelaïs ?

ans avant sa mort, puisque la donation qui y est contenue est faite à André, premier abbé de Chezalbenoit, et qu'il a fait des donations aux troisième et quatrième abbés. Voici la chartre extraite des archives de Chezalbenoit : « Ego Johannes ad præsens dominus Castri » Linerii, filius Giraudi, concursu fratris mei Petri et » uxoris meæ Acnor, et filiorum meorum Guillelmi et » Giraudi, pro salute animarum nostrarum concedi- » mus..., etc. (1). »

Il ne faut pas non plus oublier une autre chartre d'Orsan, qui commence par ces mots : « Ego Alberi- » cus bituricensis Episcopus », et à la fin de laquelle » on lit : « Huic rei adfuerunt idonei testes : Ebbo de » Carentonio, Johannes de Lineriis, Guillelmus (de » Culant), Helias (de Sainte-Sévère), Garnerius (de » Cluis). » C'étoient tous ces grands seigneurs du pays qui vivoient du temps de l'archevêque Albéric, qui ne tint le siège que trois ans, c'est-à-dire depuis 1136 jusqu'en 1139.

Du tems de Jean premier et de Pierre, son frère, il est encore fait mention de deux autres frères, savoir : Etienne et Bernier. Etienne se qualifie comte de Linières dans un titre d'Orsan par lequel il donne à Dieu, à Sainte-Marie de Fontevrault, et aux religieuses d'Orsan, à Léger, archevêque, et à Agnès, prieure, dans toutes ses forêts : « Pastum porcorum illarum, » sine pascario (2) » et la terre qu'il avoit à la Perche :

(1) Ce testament ou soi-disant testament léguait à l'abbaye de Chezalbenoît une femme serve, avec son bien. (La Thaumassière, liv. VIII, chap. xxxv, pag. 662.)

(2) *Pascarium, pascuarium*, signifiait, dans la latinité du temps, le droit qui se payait au seigneur d'une forêt pour y faire paître des porcs. Etienne de Linières accordait le droit de pâture en affranchissant de toute redevance correspondante. (Glossaire de Du Cange.)

« ad Perchiam (1) », et Bernier, son frère, et Adelarde, sa femme, font le même don que leur frère Etienne, en présence d'Aldebert, prêtre, c'est-à-dire curé de Saint-Hilaire, en les mains d'Agnès, prieure, et il est dit que si Adelarde rentre à l'avenir en possession de sa terre de Telesiau (*sic*), elle promet de donner aux religieuses tout ce qui leur en sera nécessaire, et à leur commodité.

Cette Adelarde, femme de Bernier de Linières, pourroit bien avoir été de la maison de Châteaumeillant, parce que ce nom d'Adelarde étoit affecté dans (*sic*) cette maison (2), comme celui d'Ebbes dans celle de Déols. Cette chartre fait présumer que ces deux seigneurs avoient des terres en cette province, et dans le voisinage d'Orsan, mais ils en avoient encore dans d'autres provinces, et à la commodité de l'abbaïe de Fontevrault, car Etienne de Linières et Lambert de Bonœil donnèrent « domino Roberto et Ecclesiæ Fontis-» Ebraldi terram planam quam ad vadum (3) de » Croallio usque modo tenuerunt. »

Le nom de Linières n'est pas seulement célèbre parmi les fondateurs et bienfaiteurs de Fontevrault et d'Orsan, mais encore parmi les religieux de cet ordre, car, dans plusieurs titres de ces deux maisons, il est fait mention de Geoffroy et de Simphroy, de Linières, religieux de Fontevrault. On ne peut dire quels étoient ces deux ainsi nommés, leur nom ne se trouve point dans cette généalogie (*sic*).

Simphroy n'est énoncé que sous ce titre : « Sym-» phridus de Lineriis, religiosus Fontebraldensis ».

(1) Région de Saint-Amand. Il existe encore aujourd'hui une commune de ce nom, canton de Saulzais-le-Potier.

(2) Nous en avons déjà vu un exemple page 28, note 1.

(3) *Vadum*, dans le sens de gué, de banc de sable.

mais Geoffroy est témoin à deux actes rapportés ci-après. Il est présent à une chartre par laquelle Raynaldus Escurellus donne à Fontevrault la terre nommée Villa-Berta entre les mains d'Agnès, prieure, ci-devant comtesse, et il confirme cette donation sur le grand autel, et sur le sépulcre de dom Robert, avec un couteau à manche blanc (*sic*), en la présence de Régnier, chefecier (1) de Poitiers, de Hubert, greffier, « et Gau- » fridi de Lineriis, et aliorum fratrum ». Il est encore témoin à la donation d'Anières, faite par Roland Savary à Pétronille, première abbesse de Fontevrault.

Voilà ce qui se trouve de Jean I, seigneur de Linières, et de ses frères, dont on peut inférer qu'il a été seigneur de cette terre depuis environ 1115 jusque vers 1140. Il laissa, de sa femme Aénor d'Amboise, quatre enfants nommés Guillaume, Giraud, Eudes et Séguin, dont nous ne savons rien, sinon que Giraud fut trésorier de Saint-Martin-de-Tours.

GUILLAUME, Seigneur de Linières

CHAPITRE V.

Il est bien certain que Guillaume, fils aîné de Jean, a été Guillaume premier du nom, seigneur de Linières, et qu'il en a joui longtems (2), mais nous ne savons point le nom de sa femme, et nous ne connaissons qu'il a eu deux enfants que par les chartres qu'ils ont faites aux abbaïes de Chezalbenoît et de Puyferrand, et aux prieurés d'Orsan et de Saint-Blaise, où

(1) Titre de dignité dans quelques collégiales.

(2) Sous-entendu : de la terre de Linières.

ils parlent de leur père Guillaume, car nous n'avons rien de lui. Cependant la Thaumassière, faisant des recherches par toutes les églises de Berri, et dans les archives de cette province, dit que Guillaume a souscrit la donation faite à l'église de Notre-Dame-de-Sales, l'an 1148, par Raoul III d'Issoudun, et une autre chartre d'Arnoul de Mont-Faucon, de l'an 1157. Il nous apprend aussi qu'il assista Sulpice, seigneur d'Amboise, II du nom, son cousin germain, dans ses guerres contre le comte d'Anjou, et c'est tout ce que nous en pouvons dire, mais nous parlerons plus au long de ses deux fils.

JEAN II et EUDES, son frère.

CHAPITRE VI.

Le premier acte que nous ayons de Jean II, fils de Guillaume, est une permission qu'il donna à l'abbé Guillaume, cinquième abbé de Chezalbenoit, et aux religieux de cette maison, d'acquérir dans sa terre, et leur permit de retenir ce que le curé de Linières leur avoit donné, quoique ce qu'il leur avoit donné fût dans le fief du seigneur, et, plusieurs jours après, il confirma la même permission à Raynaud, sixième abbé, environ l'an 1171, en ces termes :

« Notum sit omnibus tàm præsentibus quàm futuris, » etc. »

Il paraît, par acte de l'an 1175, que Jean, Seigneur de Linières, traita, avec l'abbé Isambert et les chanoines réguliers de Puyferrand, des différens qu'ils avoient ensemble pour les dîmes de la paroisse de Saint-Martin d'Ys, et, par la transaction, consentit qu'ils demeurassent en possession des dîmes de vin, chanvre, lin, laine, en toute la paroisse, et de la sixième partie de toutes les dîmes de bled, ainsi que le tout leur avoit été donné par Eudes de Linières, son frère, et leur permit d'acquérir le reste des dîmes, à condition qu'il seroit participant de toutes leurs prières, et qu'ils célébreroient tous les ans un anniversaire pour le repos de l'âme de Guillaume, son père. Il falloit que ces Seigneurs-là fussent de la paroisse d'Ys et que les dîmes leur appartinssent, puisqu'ils les ont données à cette abbaïe, qui, apparemment, en a encore acquis quatre portions et demie, puisqu'à compter les six saisins et demi dont le seigneur de Lisle (1) jouit par engagement, la ditte abbaïe en possède dix et demi et les dits Seigneurs en avoient réservé trois parties de seize, qu'on appelle trois *saisins*, qui sont tombées en partage au chapitre de Linières, à condition de payer plus de charges qu'elles ne valent, sans qu'on puisse savoir pourquoi ces charges tombent sur cette partie seule plutôt que sur les autres.

Jean, en guerre avec Raoul, dernier du nom, prince de Déols, à l'occasion de laquelle il brûla le prieuré de la Berthenoux, et fit un grand dégât dans toute la paroisse, à cause de quoi Guérin, archevêque de Bourges, l'excommunia, ce qui l'obligea de faire accord avec l'abbé de Macé, par l'entremise des abbés de la Prée et de Chezalbenoit, par l'avis et du consentement d'Eudes, son frère, et de Seguin de Linières, son oncle, et pour indemniser les religieux de Macé et leurs hommes, il leur accorda tout l'usage du bois Coutau, à bâtir et à brûler, le pacage et passage

(1) V. note 1, pag. 15.

(*sic*) (1) de leurs bestiaux, sans payer aucun droit, et leur délaissa tous les hommes serfs qu'il avoit à la Berthenoux par chartre de l'an 1177, en présence de Guérin, archevêque, qui le releva de son excommunication. (Ce prélat tint ce siège depuis 1176 jusqu'en 1181.)

Voici une chartre qui donne à connoitre l'exécution de la servitude du bourg de Chezalbenoit : elle fait voir que, dès ce tems-là, ce bourg ne reconnoissoit point d'autres Seigneurs que les abbés et les religieux : « Ego » Johannes Lineriarum, etc., actum anno 1185. » (2).

Je trouve aussi que ce fut en cette même année 1185 que ce seigneur de Linières fit cette célèbre donation pour tous les fidèles trépassés, à l'église de Notre-Dame de Linières, et en celle du prieuré de Saint-Blaise, et fonda encore même service dans les deux mêmes églises le vendredi des quatre-tems de

(1) La Thaumassière (liv. VIII, chap. XXXVII, pag. 663, *in fine*) dit « le pacage et *panage* » : le *panage* était plus spécialement le droit que l'on payait au propriétaire d'une forêt pour avoir la permission d'y mettre des *porcs* qui s'y nourrissaient de glands, de farineux, etc. Cette expression était à peu près synonyme de celle de *pascuarium*. (V. pag. 36, note 2.)

(2) Notons, pour mémoire, l'existence aux Archives du Cher, fonds de Noirlac, L. de Saint-Georges-de-Poisieux, d'une donation d'un tiers de la forêt de Chevronne (*Costa Chabruna*) en l'an 1180, aux religieux de Noirlac, par un *Dalmacius de Lineriis*, du consentement de sa femme *Ermengarde*, avec l'assistance d'un certain nombre de témoins, dont *Johannes Mainardus*, *frater Dalmacii*. Ce Dalmacius devait être, sinon un des seigneurs propriétaires de la terre de Linières proprement dite, du moins un seigneur considérable de l'époque, puisqu'il faisait une donation de cette importance, *pro suâ suorumque salute*, en présence d'assez nombreux abbés et chevaliers, sous le sceau de *Poncius*, *Arvernorum episcopus*. Voici pourquoi il ne nous paraît pas sans intérêt de rappeler, à cette place, ce document à titre de renseignement. Tout en ne donnant que le tiers de la forêt, Dalmacius de Linières mentionne qu'il la possède tout entière.

Carême, auquel non seulement les deux services solennels se célèbrent dans les deux églises, où il se faisoit offrande de pain et de vin à chacune messe des trois services, savoir treize pains et treize chopines de vin, lesquels ont été rédimés par argent et sont payés présentement au Chapitre sur l'estimation d'un sol chaque pain, et un sol chaque chopine de vin, et, outre cela, les Seigneurs payent au dit Chapitre la somme de treize livres, et, pour tout, vingt six livres quatorze sols, mais le vendredi des quatre-tems de Carême, outre ce que dessus, tous les prêtres, curés et autres, qui disent la sainte messe dans cette ville, sont payés à chacun cinq sols et à dîner; mais, depuis un long tems, on leur donne quinze sols pour le repas; c'est à chacun vingt sols, qui sont dûs par les Seigneurs, et quinze sols à Messieurs du Chapitre pour leur repas, et cela a toujours été payé jusqu'à cette année 1692, en laquelle j'écris ceci (1), quoique j'aie commencé mes recherches il y a plus de douze ans.

Par la fondation de ce Seigneur, on fait encore, ce même vendredi des quatre-tems de Carême, une aumône générale au château, où l'on donne à tous les pauvres chacun un pain appelé vulgairement *michotte*. On donnait autrefois indéterminément à tous les pauvres, mais, depuis l'an 1690, on a fixé six septiers de bled pour faire ladite aumône, mais on fait les pains plus grands qu'autrefois, ou plus petits, selon

(1) Rappelons, pour prévenir toute confusion, que c'est toujours Gilles-le-Duc, et non J. B. Dupré, qui parle ainsi (v. pag. 16), d'autant plus que J. B. Dupré mentionne dans sa préface les douze ans de recherches de M. le Duc, douze ans dont il est précisément question dans la phrase actuelle. C'est en 1786, on le sait, et non en 1692, qu'écrivait J. B. Dupré, simple continuateur de Gilles-le-Duc.

que l'on prévoit qu'il y aura plus ou moins de pauvres. Il fonda dès ce tems dix-huit livres de cire pour le luminaire de ces deux services.

Par une autre chartre de la même année 1185, Jean, seigneur de Linières, et Alix, sa femme, donnèrent un septier de seigle à l'abbaïe de Chezalbenoit. En voici la teneur : « Notum sit omnibus tàm præsentibus, » etc. »

Il ne s'est pas contenté de faire du bien à Chezalbenoit : il en fit encore à Saint-Blaise, à Orsan, et à Macé, car il donna au prieuré de Saint-Blaise deux septiers et demi de seigle (1), « in casalibus (2) Vale- » tarum, et in casali Martini de la Sue » (*sic*) (3), et Guillaume et Jean, ses fils, donnèrent et ratifièrent avec lui par chartre de l'an 1188.

Il donna usage dans les bois Coutau, au monastère d'Orsan, pour leur métairie de Saugoux, vers l'an 1196, sous le règne de Philippe II, roi de France, et le pontificat de Henri de Sully, Archevêque de Bourges, par une autre chartre dont voici quelques expressions : « Ego Johannes, Lineriarum dominus, et Alix, uxor » mea, concedente Odone, fratre meo, meisque filiis » Guillelmo, Odonillo, Johanne, Margarita. »

Enfin le dernier acte que nous trouvons de lui est de l'an 1200, que je n'ai trouvé que chez la Thaumassière (4), qui dit qu'il donna quelques hommes serfs

(1) S. E. *à prendre.*

(2) Les expressions chezal, chezeaux, du latin *casa,* s'entendent d'un groupe de bâtiments. (V. *Glossaire du Centre,* du comte Jaubert.)

(3) Il existe encore aujourd'hui, sur le territoire de Linières ou sur celui de Saint-Hilaire-en-Linières, un lieu dit « *La Soue* ».

(4) Liv. VIII, chap. XXXVII, pag. 664. — De la même année 1200, on trouve cependant encore aux Archives du Cher, fonds d'Orsan, une donation par Jean de Linières aux religieuses d'Orsan de ce

à l'abbaïe de Macé, du consentement d'Alix, sa femme, de Guillaume de Linières, chevalier, et de Marguerite, sa femme, de Jean et de Pierre de Linières, ses enfans, qualifiés *valets* (1).

GUILLAUME II, Baron de Linières.

CHAPITRE VII.

J'ai toujours bien cru que Guillaume II étoit fils de Jean II ci-dessus, mais j'ai été longtems sans savoir son premier mariage avec Marguerite (2), dont il eut deux enfans, entre lesquels Guillaume trois. Tout se trouve éclairci par les chartres, entre lesquelles je

qu'il avait à prétendre sur la dîme de Maisonnais (*de domibus ecclesiarum*). Dans ce document, Jean de Linières parle aussi de sa femme Alix (on lit *Aois*) et de ses fils *Guillaume, Jean et Pierre.* Cette donation est consentie à charge de célébrer *annuatim anniversarium* en son honneur, ainsi qu'en celui de sa femme et de ses fils, et d'entretenir la nuit à perpétuité une lampe allumée là où sera inhumée sa femme. Entre autres témoins de cet acte, on voit un *Stephanus, capellanus de Lineriis*, un *Petrus Somart præpositus de Lineriis*, et un *Petrus capellanus sancti Hylarii.*

(1) Valets ou Varlets, dans le sens ancien de Suivants, devenu synonyme de celui de pages à l'époque du développement de l'ancienne chevalerie.

(2) La Thaumassière (liv. VIII, chap. XXXVIII, pag. 664) ne parle que d'un seul et unique mariage de Guillaume II, c'est-à-dire de celui contracté avec Hersende, de Vierzon. C'est à Guillaume III qu'il attribue une femme du nom de Marguerite dont la maison, dit-il, « *n'est pas connue* ». Gilles-le-Duc, à la fin du chapitre suivant, indique aussi que Guillaume III eut une femme du nom de Marguerite, mais y eut-il bien deux Marguerite, l'une première femme de Guillaume II, l'autre femme unique de Guillaume III ? Cela ne paraît pas absolument indiscutable, et il eût été désirable que Gilles-le-Duc l'établît *in terminis*, afin que nous soyons entièrement certains qu'il n'a pas fait quelque confusion.

mettrai celle-ci, quoiqu'elle soit sans date, parce qu'il y est fait mention de Jean, son père, qui, apparemment, lui avoit avancé sa succession, et s'étoit désemparé de sa seigneurie en sa faveur vers l'an 1201, où il y avoit déjà du tems qu'il étoit marié avec Marguerite sa femme, comme il paroit par la dernière chartre du chapitre précédent. Il est à présumer que Jean, son père, vécut encore jusques vers 1210, puisque Guillaume, son fils, n'appanagea ses frères que l'an 1213, comme nous le verrons ci-après :

« Ego Guillelmus, dominus Lineriarum, notum fieri » volo præsentibus, etc. »

Voici encore une autre chartre, que j'ai trouvée à Orsan, qui apprend à connoitre la famille de ce seigneur : « Noveant universi, præsentes et futuri, etc., » anno 1208. »

Cette chartre nous fait connaître que Jean (II du nom), vivoit encore au mois de mars 1208 ; que Pierre et Jean étoient frères de Guillaume (II du nom) ; que Guillaume (III du nom) et Aénor étoient enfans de lui (Guillaume II du nom) et de Marguerite, mais il faut qu'elle soit décédée bientôt après, car les *Remarques de Chezalbenoit* font voir que Guillaume épousa en 1209 Hersende de Vierzon, fille de Hervé, premier du nom, et sœur de Hervé second. (Voyez les *Antiquités de Saint-Benoît* (1). Cette dame fit plusieurs dons au monastère (des religieuses) de Menetou-sur-Cher au mois de février de l'an 1226. Il est encore dit dans ces *Remarques*, parlant du douzième abbé nommé Thomas,

(1) Il s'agit sans doute des *Antiquités Bénédictines du Berry*, par dom Claude Estiennot de la Serre (1674, 8 vol. in-folio). Une partie de cet ouvrage est consacrée à l'abbaye de Chezal-Benoît, car on sait que cette abbaye était, comme son nom l'indiquait, possédée par des religieux de l'ordre de Saint-Benoît ou Bénédictins.

que Guillaume, seigneur de Linières, donna à cette abbaïe un septier de froment à la mesure de Châteauneuf et qu'Hersende, sa femme, donna la moitié de la terre de Tafiglot dans la paroisse de la Celle (1), avec quelques autres objets.

L'acte est daté de la même année 1226 (2).

L'Histoire de la Thaummassière dit que Guillaume appanagea Jean et Pierre de Linières, ses frères, au mois de décembre 1213, et leur délaissa tout ce qu'il avoit dans les châtellenies d'Issoudun et de Châteauneuf et les fiefs de Tizay et de Javayennes, dont il se réserva la foi et hommage (3), et, en effet, encore aujourd'hui, Javayennes relève de Linières, mais je crois que Tizay n'en relève pas.

Il y a toujours eu une grande obscurité à l'égard du prieuré de Saint-Blaise et de l'Eglise de Notre-Dame de Linières, et la charte suivante ne peut servir qu'à l'augmenter ; elle peut appuyer la tradition populaire qui dit que la paroisse étoit autrefois à Saint-Blaise, où l'on voit encore le cimetière (4), à quoi je ne trouve aucune raison. Je laisse cette difficulté à expliquer à ceux qui auront de meilleurs *Mémoires* que moi, et je

(1) Aujourd'hui commune de La Celle-Condé, à environ quatre kilomètres de Linières, sur la rive gauche de l'Arnon.

(2) Notons, en passant, qu'en 1221, un Guillaume de Linières figure comme garant, avec d'autres illustres barons et chevaliers du Berry, dans un traité entre Raoul de Culant, prieur du chapitre de Vatan, et le roi Philippe-Auguste. (Raynal, *Hist. du Berry*, tom. II, pag. 110.)

(3) Cette sorte de partage est transcrite aux *Coutumes locales*, de La Thaumassière, pag. 729, avec mention que l'acte est tiré du *Cartulaire de l'archevêché de Bourges*. Ces dispositions tiennent une vingtaine de lignes. Elles exceptent de l'abandon certaines terres, puis posent certaines conditions et renferment quelques formules de style dans les conventions de cette nature.

(4) Voy. note 1 de la pag. 21.

rapporte mot à mot une chartre capable de les exercer. On n'en voit point aujourd'hui l'exécution, car le village de Chatoulles ne relève plus aujourd'hui que de la seigneurie, et non pas de l'église à laquelle ce seigneur et cette dame l'avoient donné (que ce soit celle de Notre-Dame ou celle de Saint-Blaise), mais toujours cette chartre servira-t-elle de témoignage de la piété de ce seigneur et de cette dame et nous marquera sûrement le tems où ils vivoient :

« Ego Guillelmus, dominus Lineriarum et Ersendis » uxor mea, notum facimus universis præsentes » litteras, etc. Actum A. D. 1215. »

Cette chartre est en original dans l'abbaïe d'Issoudun, mais il est assez surprenant qu'elle porte ces mots : « A l'Eglise de Notre-Dame, sise dans le Châ» teau, appartenant à l'abbaïe d'Issoudun » (1), et je ne saurois que penser si ce n'est peut-être qu'en ce tems là Saint-Blaise ne fût pas encore bâti et que les religieux demeurassent dans l'église de Notre-Dame sise dans le château, qui est à présent la Collégiale et la paroisse, et que, Saint-Blaise ayant été bâti, les dits religieux s'y fussent retirés et eussent abandonné l'église de Notre-Dame, qui auroit été (depuis) érigée en paroisse, et il faudroit, pour cela, que ce n'eût pas été Pierre de Linières ci-dessus qui eût fondé le prieuré de Saint-Blaise, mais Pierre fils de Jean et frère de Guillaume dont nous parlons, ce qui ne seroit

(1) La Thaumassière (liv. VIII, chap. XXXVIII, pag. 664) énonce que cette donation du Chezal de Chatoulles fut faite à la *chapelle* de Notre-Dame, bâtie dans le château de Linières, par titre d'avril 1215, mais il ne dit pas que cet édifice religieux appartenait à l'abbaye d'Issoudun. Toutefois ce doit être exact, car Gilles-le-Duc répète encore au chapitre suivant que Notre Dame de Linières *était aux moines d'Issoudun* et on sait, au surplus, que la baronnie de Linières relevait, en foi et hommage, de la terre d'Issoudun.

pas hors de raison, car tout ce qui est écrit ci-dessus de Saint-Blaise, n'est tiré que de certains écrits faits longtems après, qui ne font qu'énoncer les choses peut-être sans fondement et il ne leur a pas été difficile d'appeler Saint-Blaise ce qui étoit autrefois Notre-Dame parce que les moines y ayant été transportés, on n'a plus été obligé de faire cette distinction.

Quoi qu'il en soit, la Thaumassière dit encore (1) que ce seigneur Guillaume assigna à la même chapelle huit sextiers de bled froment et huit sextiers de seigle au mois de mai (2), mais on ne connoit plus rien de tout cela, si ce n'est peut-être que ce chezal de Chatoulles ait été détruit, et que les terres et prés qui appartenoient au prieur de Saint-Blaise dans ce canton là, ne fussent un domaine qui étoit proche de la ville, peut-être fait valoir par des laboureurs habitant la dite ville, sans qu'il ait été besoin de maisons ni de chezal pour les loger. Voilà tout ce que j'en puis penser. Ce seigneur put mourir vers ce tems-là, car Hersende, sa femme, lui survécut et fit plusieurs dons au monastère de Menetou-sur-Cher au mois de février 1226 (3).

(1) Liv. VIII, chap. XXXVIII, pag. 664.

(2) 1215.

(3) Par charte de février 1227, et non 1226, d'après M. de Maussabré. Cependant La Thaumassière, loc. cit., donne également la date de 1226. Ces dons d'Hersende de Vierzon à ce monastère avaient déjà été mentionnés plus haut (pag. 45).

GUILLAUME III, Baron de Linières.

CHAPITRE VIII.

Il n'y a point de doute que Guillaume deux n'ait eu deux enfans (savoir un fils et une fille), de son premier mariage avec Marguerite, mais il n'est pas bien certain s'il n'en a point eu de son dernier avec Hersende de Vierzon parce que (dans la suite) nous trouverons des noms de Linières dont nous ne connoissons pas l'origine. Quoi qu'il en soit, nous ne connoissons pas d'autres enfans de Guillaume (II du nom) que Guillaume (III du nom), Aénor, et encore ne savons nous rien autre chose de cette fille que son nom. Nous ne parlerons donc ici que de Guillaume III dont voici un acte passé avec Jossebis, quinzième abbé de Chezalbenoît, l'an 1228 : « Ego Guillelmus, dominus » Lineriarum, notum, etc. »

Vers ce tems là il est parlé d'un Urbran de Linières, frère de Guillaume, fils de Pierre. Je crois qu'il en est question dans le chartrier de l'abbaïe d'Issoudun, ou dans un certain manuscrit (où étaient contenues toutes les fondations du prieuré de Saint-Blaise) qu'on nommait le « Brimborium », et qu'on ne sait plus où il est, et c'est apparemment dans ce manuscrit que Jacquemet a pris que l'an 1227 vivoit un Urbran de Linières qui, sous son scel, légua et donna à Notre-Dame de Linières, qui étoit aux moines d'Issoudun (1), pour le remède de son âme et de celle de ses

(1) Voir pag. 47, note 1.

parens (1), une vigne et six sextiers de bled, savoir trois sextiers de froment et trois de seigle. Jacquemet dit qu'il étoit frère de Guillaume et fils de Pierre : cela s'accorde assez avec ce que j'ai trouvé à Chezal-benoît. La Thaumassière ne s'accorde pas ici, car il dit que ce fut ce Guillaume III dont nous parlons qui a fait cette fondation : « Ce seigneur, dit-il (2), donna » à la Chapelle de son Château une vigne, trois sex- » tiers de froment et trois sextiers de seigle, au mois » d'octobre 1227 », et il ne fait aucune mention de cet Erbrand ou Urbran, et je crois que c'étoit une autre branche de la famille de Linières dont les descendans se disoient bien *sires* de Linières, mais sans en être *seigneurs* ; car, dans ces années 1227 et 1228, il est certain que Guillaume étoit seigneur de Linières, comme on voit par la chartre ci-dessus, mais cet Urbran pourroit bien être fils de Pierre, oncle de Guillaume, que Guillaume second, son frère, avoit appanagé l'an 1213, comme nous avons vu au chapitre précédent (3).

La Thaumassière dit que ce seigneur (4) quitta aux abbé et religieux de Macé la Dixme des Novales, dans les paroisses de leur patronage, à la charge de célébrer un anniversaire pour les âmes de ses père et mère, de son fils et de sa femme, au mois de mars 1253, et qu'il fit le serment appelé de la Trêve et de la

(1) *Pro remedio animæ meæ omniumque parentum meorum* : c'étaient les expressions de style dans les donations et testaments de l'époque, en prenant le mot *remedium* dans le sens de *salut*, de *délivrance*.

(2) Liv. VIII, chap. XXXIX, pag. 664.

(3) Pag. 46.

(4) Guillaume III, auquel nous revenons après la digression relative à Urbran.

Commune, *super Trevigâ et Communi*, l'an 1262, entre les mains de l'archevêque de Bourges. C'étoit un serment ordonné par le concile de Clermont (1) pour tous les grands seigneurs, par lequel ils s'obligeoient à ne point s'inquiéter les uns les autres et à cesser tous différens pendant qu'ils seroient à la Guerre Sainte.

La Thaumassière dit aussi que ce fut Guillaume III qui fonda le prieuré de Saint-Hilaire, l'an 1268, mais je n'en ai jamais trouvé aucun éclaircissement, parce que les titres de l'abbaïe du Bourg-Dieux ne se trouvent point, et on ne pourroit en avoir de connoissance que par là. Il est au moins certain qu'il a été fondé par les seigneurs de Linières, mais peut être plus anciennement, à peu près au temps de la fondation de l'abbaïe de Déols, vers 927.

Voilà tout ce qui est venu à notre connoissance de Guillaume (III du nom) et de sa femme Marguerite ; ils ont eu un fils, appelé Guillaume comme lui. Ce fut dans le commencement de la domination de ce seigneur (Guillaume III), en l'an 1226, que Simon, archevêque de Bourges, et Guillaume de Chauvigny, seigneur de Château-roux et du Châtelet, affranchirent le village de Bois Raoul, et lui donnèrent plusieurs privilèges, comme il se voit par leur chartre insérée en latin dans le terrier de Linières (2).

(1) On se souvient de l'histoire générale, relativement à ce serment et on sait que le concile dont il s'agit se tint en novembre 1095, sur la convocation du pape français Urbain II, à Clermont en Auvergne, sous le règne de Philippe Ier.

(2) Cette charte est reproduite par La Thaumassière (*Coutumes locales*, pag. 82). Il existe encore aujourd'hui, aux environs de Linières, un hameau du nom de Bois-Roux. Notons, à ce propos, et dans l'ordre d'idées de la note 4, pag. 18, qu'on trouve même, sur le territoire de ce hameau, les vestiges d'un camp romain dont la

GUILLAUME IV, Baron de Linières.

CHAPITRE IX.

Le temps où ce seigneur commença à règner dans sa terre n'est pas bien certain, et ce que la Thaummassière (1) dit de Guillaume III au sujet de la fondation du prieuré de Saint-Hilaire, pourroit bien être applicable à celui-ci, car il n'y a guère d'apparence qu'un homme qui agissoit déjà en homme fait en l'an 1215 ait encore été le même qui agissoit en 1268, outre que nous avons une preuve convaincante que c'étoit ce seigneur qui possédoit la terre en 1268, et non pas son père, par l'Affranchissement de Linières, que nous allons rapporter.

Guillaume IV épousa Jeanne de Villebeon, dame de Méréville, d'Aschères, de Rougemont en Beauce et de Brécy en Berri, fille d'Ursion III du nom (2), dont il eut Jean et Jeanne de Linières. On ne trouve rien de lui avant l'an 1265, qu'on sait qu'il plaidoit en parlement, mais, en 1268, ils accordèrent à leurs

superficie intérieure devait être de huit hectares environ. Ce camp était entouré de fortes défenses et de fossés profonds. On a découvert, dans l'enceinte, des fers de flèches, des amphores, ainsi que les ruines d'une belle citerne pavée en marbre. A un kilomètre de Bois-Roux coule une jolie fontaine autrefois murée et nommée la *Font-Romain*. (LUDOVIC MARTINET, *Le Berry préhistorique*, Bourges, lib. David, 1878, pag. 125.)

(1) Liv. VIII, chap. XXXIX, pag. 664.

(2) La Thaumassière (liv. VIII, chap. XLI, pag. 667) donne, d'une façon détaillée, l'extraction et parenté de cette dame de Linières, sous forme de tableau généalogique.

sujets la chartre d'affranchissement dont voici la teneur (1) :

A tous ceux qui ces présentes lettres verront, Guillaume, sire de Linières, homme d'armes (2), salut en Notre Seigneur, savoir faisons que comme les bourgeois de notre château, c'est-à-dire de la ville de Linières et du bourg de St-Hilaire, et tous autres de notre bourgeoisie demeurant tant hors de notre château et bourg susdit, qu'au dedans desdits château et bourg, étoient de pleine liberté, et l'avoient été dès longtemps dans le passé, en la forme et manière qui suit :

Savoir que le seigneur des susdits château et bourg avoit et prenoit par chaque année sur chaque maison tenant feu un sextier d'avoine et douze deniers; puis pour chaque quartier de pré ou de vigne douze deniers, et pour chaque demi-quartier six deniers ; puis pour chaque poinçon de vin, tant grand que petit, que lesdits bourgeois vendoient tant à la taverne qu'aux marchands un septier de vin, et, par ce moyen, lesdits bourgeois pouvoient vendre et transporter lesdits vins et bleds où bon leur sembloit, et les marchands qui achetoient lesdits bleds et vins ne donnoient et ne payoient aucune chose. En outre, si, par aventure, il advenoit que quelqu'un desdits bourgeois achetât de quelqu'autre, le seigneur n'en prenoit aucuns deniers, jusqu'à ce que ledit vin eût été vendu en taverne ou à quelque marchand.

De plus, s'il arrivoit que lesdits bourgeois achetassent quelque chose dudit seigneur, ils n'en payoient audit seigneur aucun droit ni devoir, parce que c'étoit pour l'utilité et nécessité desdits bourgeois dudit château et bourg, si ce n'étoit que lesdites choses achetées ne fussent vendues la tierce

(1) Nous transcrivons cette charte d'après la traduction française du manuscrit de Gilles-le-Duc, pour en faciliter la lecture, mais en laissant, autant que possible, au vieux traducteur la physionomie propre de son travail, c'est-à-dire ses expressions et ses constructions de phrases. Nous n'avons collationné cet *affranchissement* sur le texte latin des *Coutumes locales du Berry* de La Thaumassière (édit. 1679, pag. 195), que pour nous assurer qu'il était reproduit complètement dans ses parties essentielles.

(2) Lisez plutôt: « *Chevalier* (*Miles*) ». (Brussel, *Usage général des Fiefs*, tom. II, pag. 679-680, à la note.)

partie plus qu'elles n'avoient été achetées et selon le rapport et témoignage des voisins ; si ce n'étoit aussi que les mêmes choses acquises fussent réservées plus de trois semaines ou que, par dol ou malveillance, ils les vendissent dans la huitaine.

Si quelqu'un donnoit en mariage à son frère ou à sa sœur ou à son neveu ou à sa nièce quelque partie de ses héritages, et que le donataire décédât sans hoirs, l'héritage retournoit au donateur.

Si aussi quelqu'un décédoit sans héritiers, étant en la susdite liberté, il pouvoit donner son héritage à son frère, à sa sœur, à son neveu, à sa nièce, ou à quelqu'autre de ses plus proches héritiers, sans que le susdit seigneur pût prétendre aucune chose des susdits bourgeois, sinon ce que chacun d'eux lui voudroit donner volontairement.

Pour raison des choses ci-dessus exprimées (1), sur quoi considérant et ayant égard à la fidélité que lesdits bourgeois nous ont gardée tant à nous qu'à nos prédécesseurs ; considérant aussi les libéralités que nous ont faites et les nombreux services que nous ont rendus les mêmes bourgeois ; touchés de ce désintéressement, voulant les en récompenser, et agissant principalement en considération du salut de nos âmes et de celles de nos parens, et ce de la volonté et du consentement de Jeanne, notre femme, dame de Linières, pour augmenter et accroître ladite franchise et liberté concédées à nos susdits bourgeois de Linières et de St-Hilaire et autres bourgeois qui sont et seront à l'avenir en ladite bourgeoisie, voulons qu'ils jouissent de cette liberté et de ces privilèges en quelque lieu qu'ils demeurent, soit audit château ou audit bourg ou hors lesdits lieux. Nous concédons et octroyons à leurs héritiers ou aux héritiers de leurs héritiers et à leurs successeurs de jouir et posséder les mêmes choses. Si quelqu'un ou quelqu'une des susdits bourgeois décédoit avec héritiers procréés de son corps, en quelque état et façon qu'il décède, tous les héritages dudit défunt, tant meubles

(1) On a compris que ce qui précède n'était qu'un préambule et qu'un rappel du présent et du passé. Nous arrivons maintenant aux motifs des dispositions et concessions nouvelles, puis nous aurons le texte même de ces concessions.

qu'immeubles, seront et appartiendront au plus proche héritier de la génération et ligne dudit défunt, en sorte que nous ne puissions requérir aucune chose des ressources et moyens qui appartenoient audit défunt. Item nous voulons et concédons que si quelqu'un de la condition desdits bourgeois décède sans héritiers procréés de son corps, de quelque qualité et condition qu'ait été ledit défunt, tous ses biens, tant immeubles que meubles, compteront et appartiendront au plus proche des lignagers.

Plus nous voulons que lesdits bourgeois puissent donner, léguer et vendre à qui bon leur semblera leurs biens tant meubles qu'immeubles situés en notre domaine à toutes personnes dudit Linières, de quelqu'état et condition qu'elles soient.

Plus nous voulons que lesdits bourgeois puissent vendre, acheter et acquérir tous et chacun les biens présens et avenir des hommes et femmes serfs de notre domaine de Linières.

Il ne faut pas ignorer que chacun desdits bourgeois qui tiendra feu et lieu dans notre justice et domaine nous payera par chaque année, tant à nous qu'à nos successeurs, un sextier d'avoine et douze deniers ; puis pour chaque quartier de pré ou de vigne six deniers ; puis pour chaque demi-quartier trois deniers ; puis pour chaque poinçon plein de vin, tant grand que petit, que lesdits bourgeois vendront à la taverne ou aux marchands, un demi-septier de vin (1), et par ainsi lesdits bourgeois pourront librement vendre et transporter leur vin et leur bled où ils voudront et à qui bon leur semblera, de manière que les marchands qui auront acheté le bled et le vin ne nous en payeront aucune redevance.

Si, par aventure, il arrive que quelque bourgeois achète du vin de quelqu'un, de quelque qualité et condition que soit le vendeur, ledit seigneur de Linières n'en prendra aucune chose jusqu'à ce que ledit vin soit vendu à la taverne, ou aux marchands, et alors il sera dû au seigneur la quarte partie dudit septier.

(1) Le lecteur peut remarquer qu'il y a une réduction de moitié sur les redevances par quartier et par demi-quartier de pré ou de vigne, et par poinçon de vin, par rapport à l'état de choses rappelé pag. 53.

Il faut, sur ce, savoir aussi que l'avoine mentionnée ci-dessus se devra payer à la fête de St-Michel ; pour le regard des deniers, ils seront payables par moitié ès fêtes de Noël et de Saint-Jean-Baptiste. S'il arrive que lesdits bourgeois achètent quelque chose dudit seigneur de Linières, ils n'en payeront rien, si ce n'est qu'ils vendent lesdites choses la tierce partie outre leur prix, et ce selon le témoignage des voisins, ou bien qu'ils ne les eussent pas gardées plus de quinze jours, et à plus forte raison qu'il leur convienne vendre lesdites choses dans huit jours après l'achat d'icelles : seront tenus lesdits bourgeois de déclarer audit seigneur, ou à son procureur, combien et à qui ils auront vendu lesdites choses (1).

En outre, nous voulons et concédons que lesdits bourgeois aient droit d'usage tant pour eux que pour leurs bestiaux au bois de Prévières et au bois de Linières, tant pour se chauffer que pour bâtir, finalement en pourront disposer à leur volonté. Comme aussi nous leur concédons ledit droit d'usage ès eaux qui s'appellent eaux mortes, qui sont dans toute l'étendue de notre domaine, c'est-à-dire de telle sorte que ni nous ni nos successeurs ne puissions en vendre la pêche à quelqu'un ; et à l'égard desdits bois de Prévières et de Linières, que nous ne pouvons non plus les vendre à quelqu'un pour couper, arracher, cultiver ou labourer, ou faire argent à notre singulier profit de la paisson, de la glandée ou de tous autres produits qui existeront ès dits bois. En plus nous voulons et concédons que chaque bourgeois soit usager, et gardien des dites eaux et bois, de façon que s'ils trouvent ès susdits bois quelqu'un y malversant et les coupant, et quelqu'un pêchant ès dites eaux, il sera cru par son serment, comme si c'étoit sa propre chose, et sera tenu de le signifier audit seigneur ou à son procureur, et le tiers de l'amende comptera et appartiendra audit bourgeois et les deux autres tiers audit seigneur.

(1) Le texte latin des *Coutumes locales* de La Thaumassière contient, en outre, après ce passage, la disposition suivante :
« *Præstereà volumus quod si alius conqueratur de altero, non* » *teneantur reddere clamorem.* »
(Voy. Glossaire de Du Cange sur cette acception du mot *Clamor*.)

Plus nous voulons et concédons que lesdits bourgeois puissent chasser au-delà de la rivière d'Arnon, dans la direction de Touché et de Fromenteau, ainsi que ladite rivière fait la divise et séparation, sauf et excepté que lesdits bourgeois ne pourront chasser aux lapins dans nos garennes de Prévières et de Villiers et ès environs de Villiers, ainsi que les chemins de Linières et de Châteauneuf en font la divise en descendant à l'étang de Villiers (1).

Plus nous voulons et concédons que les dits bourgeois puissent donner ou recevoir à gage, pour dette reconnue, sans intervention de justice, dans la seigneurie de Linières.

Plus nous voulons et concédons que les dits bourgeois ne puissent être appréhendés, ni incarcérés, ni détenus prisonniers en baillant caution, sauf et excepté les cas de larcin, homicide ou rapt.

Plus nous voulons et concédons que les dits bourgeois puissent jouir de leurs biens et privilèges ci-dessus accordés, soit qu'ils demeurent dans la ville ou dans les faux-bourgs, ou hors d'icelle, et en quelque lieu que ce soit, en payant les droits seigneuriaux ci-dessus énoncés, comme redevance de ville affranchie, et qu'ils puissent aussi succéder à leurs parens, le cas échéant, tout ainsi que s'ils demeuroient dans la ville de Linières.

Plus nous voulons et concédons que si quelqu'un vient de quelque terre étrangère s'habituer en celle-ci, et qu'il soit de la famille de quelque bourgeois décédé sans héritiers, et qu'il puisse prouver être parent dudit bourgeois mort jusqu'au quatrième degré, il lui succède en tous ses biens, tant meubles qu'immeubles, pourvu toutefois qu'il veuille payer les droits et devoirs seigneuriaux ci-dessus spécifiés.

Plus nous jurons de garder la dite liberté à jamais, et voulons que les Seigneurs nos successeurs, et ensemble leurs officiers, jurent qu'ils garderont la sus dite liberté, auparavant que l'on puisse répondre devant eux.

De même nous manumettons les dits bourgeois, leurs héritiers

(1) Raynal (*Hist. du Berry*, tom. II, pag. 206) fait remarquer combien cette concession, dès 1268, était méritoire de la part de Guillaume, étant donné le grand prix que les seigneurs attachaient au droit de chasse.

et les héritiers de ceux-ci jusqu'à l'infini, de toutes tailles, redevances, fiscalités, etc., en un mot de toute espèce de servitudes, à l'exception des droits seigneuriaux ci-dessus relatés.

Plus nous voulons et concédons que les dits bourgeois puissent vendanger toutes fois et quand ils voudront, en n'apportant aucuns dommages à autrui.

Plus nous quittons aux dits bourgeois perpétuellement le ban de vendre vin que nous et nos prédécesseurs disions avoir en la ville de Linières de tout tems et ancienneté (1). »

Cette chartre, traduite de l'original latin, se termine ainsi : « Et ego prædicta *Johanna*, domina de Lineriis, spontanea » et provida præmissa ratifico et concedo, et promitto bonâ » fide, etc. Actum et datum anno Domini millesimo ducentesimo sexagesimo octavo, mense novembris. »

La ville de Linières se croit obligée par tradition à cette Jeanne, dame de Linières, de sa qualité de ville, car, dans cette chartre, elle n'est appelée que *villa*, et depuis que cette dame eut bâti les tours qui en marquaient la clôture (2), elle s'est appelée *urbs*, car ces tours, supposant des murailles, la font mettre au nombre des villes murées, et, en effet, nous trouverons bientôt des énonciations qui l'appelleront *urbs*, et non plus *villa* comme auparavant.

Deux mois après cet affranchissement, soit en janvier 1269, Guillaume donna à l'abbaïe de Chezalbenoit droit d'avoir un sergent dans sa terre à la suite de

(1) Le texte inséré dans les *Coutumes locales*, de La Thaumassière, contient encore deux courtes dispositions relatives à des droits de pacage dans l'île du château et d'action en justice, puis ce document prend fin sur diverses formules de style à la suite des chartes de cette nature, formules qu'il nous paraît (comme il avait paru à Gilles-le-Duc) superflu de reproduire ici.

(2) On voyait encore quelques vestiges de ces fortifications en 1786, ainsi que J.-B. Dupré l'indique dans sa préface (pag. 19). Il existe même encore actuellement certains restes de ces anciennes tours, ainsi que des murailles et des fossés d'enceinte.

leurs serfs (1). Depuis cette concession faite aux abbé et religieux de Chezalbenoit, il arriva quelque différent entre ce Seigneur et eux à l'occasion de la vente de toute la superficie du bois des deux Sentiers, qui fut faite conjointement par eux au nommé Pierre le Cendrier, mais enfin il y eut transaction sur ce sujet entre ledit Seigneur et l'abbé Renaud, l'an 1274. Guillaume IV confirma et ratifia aussi la vente que Guillaume Léger et sa femme Marguerite avoient faite « Gaufrido capellano de Lineriis », d'une vigne déserte située « in territorio de monte Astrueli, mense » junio 1276 » : il faut que ce soit au vignoble de Truau ou Triau (2). Depuis cette année jusqu'en 1285 on ne trouve aucun titre, mais, en cette année, il s'en trouve deux, un à Orsan, et l'autre à Chezalbenoit, que je rapporterai ici l'un après l'autre :

« Universis præsentes litteras inspecturis Guil- » lelmus, dominus Lineriarum, miles, salutem in » Domino, etc., An. D. 1285, m. m. »

La confirmation que Guillaume fit au couvent d'Orsan de tout ce que ses prédécesseurs avoient donné est conçue en ces termes : « Universis præsentes lit- » teras inspecturis Guillelmus, dominus Lineriarum, » miles, salutem in Domino, etc., Domini An. 1285. »

(1) L'acte de cette concession, en six ou sept lignes, se trouve reproduit à la page 716 des *Coutumes locales* de La Thaumassière. L'expression : *leurs* serfs doit s'entendre des serfs des *abbé et religieux*.

(2) Un clos de vigne de Linières s'appelle encore aujourd'hui le *Triau*. Dans cette contrée, on donne le nom de *triau* à une sorte de vigne *sauvage* ou de cépage qui croît *sans culture* et s'attache aux haies ou aux arbres: vigne *déserte*, dit Gilles-le-Duc. (V. *Mémoires de la Société historique du Cher*, année 1888, *Quelques additions au Glossaire du Centre*, par M. Porcheron, ancien notaire à Linières, pag. 68, V° *Triau*.)

Il avoit donné, dès l'an 1276, au même couvent d'Orsan, cinquante sols de rente à prendre sur la prévôté et les fours de la ville franche de Bois-Trevi (1), pour tenir une lampe ardente la nuit en l'honneur et révérence de Dieu et de la Vierge, et pour faire un anniversaire. Il survécut à sa femme Jeanne de Villebeon, qui étoit d'une des plus illustres maisons de son tems (2). Elle lui avoit apporté trois ou quatre belles terres dans sa famille, qui y ont demeuré longtems, et ce Seigneur assigna soixante sols (parisis) de rente que sa femme avoit légués au prieur de Linières (c'est-à-dire de Saint-Blaise) sur le terrage de Bois Coutau, et fit commutation d'argent en bled, donnant un sextier de seigle au lieu de soixante sols. Il eut un fils nommé Jean et une fille appelée Jeanne qui épousa Pierre de Blanchefort, chevalier. C'est tout ce que nous en savons.

Il est aussi fait mention dans les chartres de Saint-Blaise d'un Geoffroy, fils de Guillaume, Damoiseau de Linières, qui vendit au prieur de Linières la sixième partie du terrage de la Vèvre l'an 1292. C'est tout ce qu'on en sait. J'ajouterai, au sujet de la fondation du prieuré de Saint-Hilaire, qu'il y a bien plus d'apparence qu'il a été fondé par Guillaume que par son père, puisqu'il étoit seigneur de Linières dès 1268 jusques vers 1290 (3).

Ce fut au tems dont nous parlons qu'Ebbes de la Châtre et ses deux fils s'étant croisés avec saint Louis,

(1) On assure à l'auteur de ces Notes qu'il existe encore dans la région un lieu dit *Bois-Trevi*. La Thaumassière orthographie *Bois-Trevic*.

(2) V. note 2, pag. 52.

(3) Notre auteur avait déjà fait et motivé cette réflexion au début de la pag. 52.

et l'ayant accompagné dans son voyage de la Terre-Sainte, y furent faits prisonniers, et, pour payer leur rançon, le sieur de Charon, oncle du dit Ebbes de la Châtre, en vertu de la procuration qu'il lui avoit laissée en partant, vendit la terre de la Châtre, et depuis il n'est resté à cette famille que le nom et les armes (1).

En 1286, il est fait mention dans quelques titres d'un nommé Raguin-Bichat, Ecuyer, d'où est venu sans doute le nom de la Motte-Bichat, et du terrage des Bichats, situés dans la terre de Linières.

JEAN III, Baron de Linières.

CHAPITRE X.

Jean succéda à Guillaume, son père, dès avant 1297. Il est parlé de lui, depuis ce tems jusqu'en 1334, dans deux actes dont l'un (de 1300) est une transaction faite avec Jean, abbé de Chezalbenoit pour le bois des deux sentiers (2), et l'autre une confirmation de la donation que son père avoit faite au prieur de Saint-Blaise.

(1) La Thaumassière (liv. XI, chap. XI, § 6, pag. 852) reproduit le même fait, sur le ton de l'affirmative, d'après les *Mémoires de la Maison de La Châtre*. Au contraire, Raynal (*Hist. du Berry*, tom. II, pag. 226) indique que c'était là simplement une tradition et qu'il est au moins douteux que cette maison, dont l'illustration ne date que du XVe siècle, puisse légitimement revendiquer une si glorieuse origine. On voit que le manuscrit de Gilles-le-Duc est non moins positif que La Thaumassière, ce qui confirmerait, en tous cas, la tradition dont il s'agit.

(2) Cette transaction est exactement du mercredi jour de la Conversion de saint Paul, 1300. Jean de Linières, daus cet acte, abandonne aux religieux la propriété de la forêt des Deux-Sentiers, mais en retient à son profit la justice et la moitié des amendes. (LA THAUMASSIÈRE, liv. VIII, chap. XLI, pag. 665.)

L'abbé Jean, dont nous venons de parler, avec qui Jean de Linières avoit fait cette transaction, en fit une vers 1301 avec Artaud, vicaire de Linières, qui, apparemment, avoit succédé à Pierre, vicaire perpétuel, dont il est parlé précédemment.

Jean de Linières fit échange, vers 1302, de plusieurs prés et terres avec le prieur de Saint-Blaise, appelé alors frère Trullot, qui lui donna en échange des places et des maisons dans la ville de Linières, lesquelles jouxtoient deux chemins qui alloient du château dans la ville. En 1312, il est question dans quelques titres d'un Guillaume Baston, bourgeois de Linières, dont apparemment est venu l'étang Baston. En 1319, Jean de Linières donna aux hospitaliers de Saint-Jean de Jérusalem, qui étoient déjà maîtres du manoir et de la Chapelle de Saint-Thibaut (1), du bois pour y bâtir et tout le bois mort nécessaire pour leur chauffage, en cas que les bois qui leur avoient déjà été donnés par ses prédécesseurs ne fussent pas suffisans, et il leur donna encore d'autres droits et franchises.

Il fut marié deux fois, premièrement avec Florie de Saint-Gérais, dont il eut Guillaume de Linières, vicomte de Méréville, sieur d'Achères et de Rougemont, et Godemar, seigneur de Linières. Guillaume épousa Aliénor de Seuly (2), fille de Henry de Seuly, quatrième du nom, mais je crois qu'il n'en eut pas d'enfans. Il mourut vers 1326. Sa veuve se remaria avec Vivien, S. de Barbezieux, et son père, Henry de

(1) La route actuelle de Linières à Châteauneuf traverse un bois dit *de Saint-Thibaut* et le souvenir de la chapelle qui s'y trouvait autrefois subsiste encore dans le pays.

(2) On sait que c'est l'ancienne orthographe du nom, devenu plus tard illustre, de Sully.

Seuly, plaida au parlement contre le seigneur de Linières, son beau-père, pour le douaire de sa fille ; il intervint arrêt en 1326 (1).

Jean de Linières épousa en secondes noces une femme de même nom que la première, mais non de la même famille. Elle s'appeloit Florie de Jarèse, dont il eut François et Béatrix. François de Linières, Ecuyer, sieur de Rougemont, épousa Alix de Culant, veuve de Godefroy de Surgères, dont il n'eut point d'enfans. Il mourut vers 1344. Béatrix de Linières fut mariée le 24 mai 1339 avec Gaucher de Frolois, chevalier, seigneur de Rochefort. Elle succéda à son frère François de Linières. Elle plaidoit contre sa veuve et ses autres héritiers au parlement en 1344. Cette même année il s'éleva un différend entre Jean de Linières et Jean, seigneur de Culant, au sujet des limites de l'étang de Villiers : les parties prirent pour arbitres Jean de Sancerre (2) et Yves, seigneur de Bouville, qui donnèrent leur sentence datée de Venesmes (3) le dimanche après la fête de Saint-Barnabé de l'an 1334 (4).

(1) Cet arrêt fut favorable à Henry de Seuly et ordonna la restitution du douaire. (LA THAUMASSIÈRE, liv. VIII, chap. XLI, pag. 665.)

(2) Le même qui fut élu plus tard évêque de Tournay.

(3) Actuellement commune du canton de Châteauneuf-sur-Cher, dont Jean de Culant était aussi seigneur.

(4) Cette sentence ordonnait que l'étang de Villiers demeurerait en son état jusqu'au bout de l'Esparce et autres lieux où il avait coutume de s'étendre, sans être restreint, et que le seigneur de Linières et ses successeurs auraient la suite de leurs hommes en la Châtellenie de Châteauneuf, comme ils avaient accoutumé. (LA THAUMASSIÈRE, liv. VIII, chap. XLI, pag. 665.) Il existe encore aujourd'hui un lieu dit l'*Eparce*, à l'une des extrémités de l'étang de Villiers.

GODEMAR, Baron de Linières.

CHAPITRE XI.

Nous avons dit ci-devant que Jean (III du nom), eut de Florie de Saint-Gérais, sa première femme, Godemar, qui, assurément, a succédé à la seigneurie de Linières, puisque son frère aîné Guillaume mourut sans enfans de son mariage avec Aliénor de Seuly, mais nous savons très peu de chose de ce seigneur, parce qu'il n'a pas été longtems maître de cette terre, n'ayant survécu à son père que quatre ou cinq ans tout au plus, étant mort sur la fin de 1340. Nous savons seulement qu'il épousa Agnès de Sancerre, fille de Louis de Sancerre, dont il eut Jean (IV du nom), baron de Linières et Agnès de Linières, femme de Guillaume de la Châtre, sieur de Besigny, et, sa femme étant morte, il se maria en secondes noces avec Marguerite de Précigny, fille de Renaud de Précigny, chevalier, seigneur de Laleu, de Marant, de la Bretinière et de Loumeau, dont il eut plusieurs enfans, savoir : I. Godemar de Linières, seigneur de Méréville, de Rougemont et d'Achères ; II. Godemar, surnommé le Jeune, vicomte de Méréville, S. de Menetou-sur-Cher, III. Jean de Linières, évêque de Viviers en 1407 ; IV. Ysabeau de Linières, femme du sieur de Châteauneuf; V. enfin Florie de Linières, femme du Maréchal de Boucicaut, dont nous parlerons ci-après.

Godemar, dont nous parlons ici, fit accord avec Gaucher de Frelois, qui avoit épousé Béatrix de Linières, sa sœur, l'année précédente, de huit cents livrées de terre qu'il lui avoit promises en mariage :

cet accord est de l'année qu'il mourut, c'est-à-dire de 1340.

Nous parlerons de Jean (IV du nom), l'aîné de ses enfans, qui lui succèda en la baronie de Linières, dans le chapitre suivant. La sœur de Jean IV, Agnès, du même lit, fille, comme lui, d'Agnès de Sancerre, épousa Guillaume de la Châtre, Chevalier, S. de Besigny et de Combron, et qui le fut de Nançay, ayant acquis cette terre de son beau-frère Godemar de Linières, S. de Méréville, de Rougemont et d'Achères, qui lui vendit cette terre en 1372. Elle est toujours demeurée à la maison de la Châtre, et a toujours fait la différence des aînés, qui s'appellent de la Châtre-Nançay, et c'est toujours la branche la plus illustre, si elle n'est pas l'aînée.

Godemar, fils aîné de Godemar du second lit avec Marguerite de Precigny, est celui dont nous venons de parler, qui vendit Nançay à son beau-frère. Il épousa Jeanne de Brosse, avec laquelle il vendit sa terre de Rougemont l'an 1385 (1). Il obtint arrêt au parlement (2) avec Florie de Linières, sa sœur, le 12 mai 1386, pour les successions de Jeanne de Précigny, femme de Guichard d'Angle, Ecuyer, et d'Isabelle de Précigny, femme de Pierre de Sainte-Maure, décédées sans enfans. Elles étoient cousines germaines de Godemar et de Florie, étant filles de Guillaume de Précigny, frère de Marguerite, mère de Godemar et de Florie.

Ce Godemar eut de Jeanne de Brosse un fils nommé

(1) L'acte de vente est du jeudi 14 janvier 1385. (La Thaumassière, liv. VIII, chap. xlii, pag. 667.)

(2) Il s'agit, on le sait, et nous le rappelons simplement pour mémoire et pour n'y plus revenir, du Parlement de Paris, dont dépendait le Berry.

aussi Godemar, surnommé le Jeune, Vicomte de Méréville et de Menetou-sur-Cher, qui épousa Agnès Troussel, dont il eut un fils, nommé encore Godemar, et trois filles, savoir : Marguerite ; Jeanne, mariée à Dreux de Voudenay de la Motte-Seuly et Françoise, dont on ne sait pas l'alliance, non plus que de Marguerite sa sœur. Godemar, époux d'Agnès Troussel, mourut au voyage de Hongrie en 1396. Sa femme lui survécut et vivoit encore en 1402.

Jean de Linières, fils de Godemar et de Marguerite de Précigny, fut évêque de Viviers en 1407 (1) et mourut en 1443.

Isabeau de Linières, sœur de Jean, évêque, étoit femme du seigneur de Châteauneuf et Florie, dont il a déjà été parlé, épousa en premières noces Jean le Maingre, dit Boucicaut, Maréchal de France. Sortirent de ce mariage deux enfans, savoir : I. Jean le Maingre, dit aussi Boucicaut et Maréchal de France, comme son père (2), mort en Angleterre l'an 1421. Il n'eut point d'enfans de son mariage avec Antoinette, Vicomtesse de Turenne et dame de Beaufort. II. L'autre fils fut Geoffroy Boucicaut, sieur de Luc et de Rochebrune, Gouverneur de Dauphiné, qui épousa Isabeau de Poitiers St-Vallier.

Florie se maria en secondes noces avec Guillaume l'Archevêque, de Parthenay. Elle plaidoit

(1) Nomination du 12 novembre 1407. (LA THAUMASSIÈRE, liv. VIII, chap. XLII, pag. 667.)

(2) On trouve ce maréchal de Boucicaut à la croisade de 1396, commandée par Jean Sans-Peur. Raynal (*Hist. du Berry,* tom. II, pag. 430) appelle sa mère *Fleurie* de Linières, traduisant ainsi plus à la moderne ce vieux mot charmant et tout embaumé de *Florie,* qu'on regrette de ne plus voir sur la liste des prénoms féminins d'aujourd'hui.

au Parlement comme tutrice de ses enfans en 1376-1378.

Tout ce que nous venons de dire n'est que l'histoire d'une branche collatérale, et la branche aînée va continuer dans la personne de Jean (IV du nom), fils aîné de Godemar et d'Agnès de Sancerre.

JEAN IV, Baron de Linières.

CHAPITRE XII.

Il y a une difficulté que je ne puis résoudre et que je me contenterai de proposer en attendant que je puisse avoir quelque lumière pour l'éclaircir. On met de suite deux *Jean*, dont le premier avoit épousé Jeanne de Foüilloux et l'autre Blanche de Beaujeu et je trouve tant de raisons qui me font croire qu'il n'y en a eu qu'un entre Godemar et Philippes, que je fais difficulté d'y en mettre deux, et, si je le fais, ce n'est que pour ceux qui l'ont aussi cru, dans la pensée qu'ils pouvoient avoir des lumières que je n'ai pas.

Jean IV fut déclaré majeur par lettres du 16 mars 1340. Il plaida en cette qualité (1), de l'avis néanmoins de Louis de Sancerre, son aïeul maternel, et de François de Linières, son oncle. Il épousa Jeanne de Foüilloux et servoit le roi avec quinze écuyers l'an 1369. Il étoit mort en 1390, car, cette année, Jeanne de Foüilloux plaidoit au Parlement comme étant à ses droits contre Jean d'Argenton, sieur d'Hériçon. La Thaumassière ajoute de lui qu'il eut deux enfans, Jean et Godemar,

(1) Au Parlement, cette même année 1340, comme étant à ses droits. (La Thaumassière, liv. VIII, chap. xlii, pag. 667.)

seigneur de Menetou et de Pruniers, et que Jean continua la postérité de la seigneurie (1), qu'il épousa Blanche de Beaujeu, fille de Guichard de Beaujeu, V du nom, surnommé le Grand, et de Jeanne de Château-Villain, sa seconde femme, et que de Blanche il eut Jean de Linières, mort sans postérité, Philippes, baron de Linières, et Marguerite de Linières, femme d'Artaud de Saint-Germain, sieur de Montrond et de Rochetaillée, qui étoit morte en 1475.

Ce que je trouve en l'abbaïe de Chezalbenoît me paroit bien plus juste : « Johannes (IV du nom) ex » Johannâ (de Foüilloux) conjuge suscepit Philippum » (et non un Jean V) et Godomarum qui fuit dominus » de Pruneriis anno 1400. » Ce Jean (dont la Thaumassière fait Jean V) et qui épousa Blanche de Beaujeu pouvoit être frère de Philippes qui mourut sans postérité, comme le dit la Thaumassière d'un fils de ce Jean. Ce pouvoit être aussi un Jean d'une autre branche que celle des aînés : aussi est-il parlé en ce tems-là d'un Jean de Linières, Chevalier, Baron de Méréville près Etampes, qui eut une fille nommée Françoise, mariée à Jean de Gamaches, seigneur de Rosemont et de la Guierche en Nivernais.

(1) La Thaumassière (liv. VIII, chap. XLIV, pag. 668) lui consacre un chapitre spécial sous le nom de Jean V, de sorte qu'il compte en tout six seigneurs de Linières du nom de Jean, tandis que Gilles-le-Duc n'en compte que cinq. Raynal paraît croire qu'il y en eut six. (*Hist. du Berry*, tom. III, pag. 25, etc.) Ces différences témoignent une fois de plus que ces divers auteurs ne se sont pas copiés purement et simplement, d'autant plus que notre manuscrit s'efforce de réfuter la computation de La Thaumassière à l'aide des documents de l'abbaye de Chezalbenoît.

PHILIPPES, Baron de Linières.

CHAPITRE XIII.

C'est ici le premier seigneur dont il est parlé dans le chartrier de Linières : c'est pourquoi nous en pourrons dire quelque chose d'assuré. Il portoit les titres de Baron de Linières et seigneur de Thevé et Rezè, Conseiller et Chambellan du roi, Grand-Queux de France. Il contracta mariage, le 3 mai 1366, avec Marguerite de Chauvigny, fille de Guy premier du nom, baron de Château-roux, et de Blanche de Brosse, sa femme, sœur de Guy II, seigneur de Château-roux, Vicomte de Brosse. Il eut de ce mariage quatre fils et trois filles dont nous parlerons ci-après.

Il servit le roi avec un Chevalier et sept écuyers sous lui, qui furent reçus à Château-roux le 1er juin 1369, ce qui est difficile à concilier avec ce qui est dit au chapitre précédent (1), que, la même année, Jean (IV du nom) qui seroit, selon la Thaumassière, son grand père, selon moi son père, servoit le roy avec quinze écuyers. Est-il à croire que le père et le fils fussent deux au service du roi en même tems avec tant de suite ?

Quoiqu'il fût marié dès l'an 1366, on ne peut pas bien savoir quand il commença à être maître de cette baronnie. Le premier acte passé en son nom est une transaction de l'an 1376 avec dame Marie de la Châtre, veuve de messire Jean de la Châtre, sieur du Plaix (2).

(1) Pag. 67.

(2) Le domaine du Plaix est situé entre Saint-Hilaire et Linières, à deux ou trois kilomètres de cette dernière commune. Le château actuel appartient à M. Taillandier du Plaix. (V. le manuscrit de M. de Barral sur les *Châteaux et Monuments du Cher*, pag. 45.)

Philippes obtint sentence à Issoudun (pour la suite de ses hommes serfs à Chârost) contre noble dame Jeanne de Chârost, veuve de messire Jean de Vendosme, chevalier, seigneur de la Ferrière et de Vaugemont, en 1388. Isembert Dumas, seigneur de Lisle (1), lui rendit aveu en 1396 et Etienne Sigonneau, écuyer, mari de damoiselle Jeanne Dumas, lui rendit aussi aveu pour le bois de la Font le 17 avril 1396. Isabelle Remondeau, veuve de Jean Desgranges, lui rendit aveu de la seigneurie du Plessis (2) le 2 juin 1397 et un nommé Rauchoux, seigneur du lieu, lui rendit aussi aveu de quelques dixmes de Saint-Christophe le 25 sept. 1398.

Il y avoit en ce tems là une place dans la ville proche le cimetière de la dite ville nommée la place de Beauvilliers, dont Bon de Condé, bourgeois de Linières, rendit aveu audit seigneur avec la dixme des Bichats par un même acte en 1399.

Marguerite de Chauvigny mourut avant son mari et, après son décès, il eut la garde et tutelle des enfans de leur mariage. Il plaidoit en cette qualité au Parlement en 1400. Guillaume Malvoisin, seigneur de Pruniers, qui relevoit alors de Linières, lui rendit aveu

(1) V. note 1, pag. 15. — On peut consulter aussi, sur le château de Lisle, le manuscrit de M. de Barral, pag. 46.

(2) Le château actuel du Plessis, sur la route de Linières à Châteauneuf, en face les carrières de Villiers, appartient à M. Gustave Guillot. Les lecteurs curieux de se rendre compte de la teneur de ces actes d'*Aveux et Dénombrements*, dont il est et sera assez fréquemment question dans ces *Mémoires*, pourraient en trouver des exemples aux Archives du Cher, sans sortir du fonds de Linières (E. 864, liasse) : Aveu et Dénombrement, par Jean de La Châtre, écuyer, sieur du Plaix, à François de Linières, chevalier, de sa terre du Plaix. On trouve encore, dans la même liasse, des formules de *foi et hommage* se rapportant à la terre de Linières et notamment un acte de foi et hommage portant aussi dénombrement.

et dénombrement en qualité de père et légitime tuteur de ses enfans. Il est à croire qu'il y avoit alors deux seigneurs de Pruniers qui relevoient tous deux de Linières puisque Godemar étoit seigneur de Pruniers, comme nous le verrons bientôt.

Ce fut en 1401 (1) qu'il fut pourvu de la charge de Grand-Queux de France. C'étoit, en ce tems-là, une des premières charges du royaume, qui étoit possédée par les plus grands seigneurs. Le titulaire étoit un Officier de la Couronne qui commandoit à tous les Officiers de la cuisine de la bouche du roy. Cet office a été supprimé et n'est plus un nom de dignité, mais de simple office. Sous les écuyers de la bouche, il y a maintenant quatre Maîtres-Queux : ce sont eux qui font les salades de l'entremets de la table du roi. Après Philippes de Linières, Jean, son fils, en jouissoit. 1415 (2).

J'ai vu une transaction faite le 9 aoust 1400 entre messire Louis de Sancerre, Connétable de France et seigneur de Bomès, et messire Philippe de Linières, au sujet du bois des deux sentiers où les habitans du village du bois Robertrie, justice de Bomès, ont le droit de faire paître leurs bestiaux depuis Noël jusqu'à Notre-Dame de septembre, excepté dans les taillis et brûlis (3) au dessous de 3 ans, et en mai. Messire Louis de la Trémouille et de Bomès, vicomte

(1) Nomination du 1er décembre 1401. (LA THAUMASSIÈRE, liv. VIII, chap. XLV, pag. 668).

(2) Jean n'ayant laissé qu'une fille, la charge de Grand-Queux passa ensuite à Antoine de Prie, seigneur de Buzançais (RAYNAL, *Hist. du Berry*, tom. III, pag. 25), sans quitter ainsi le Berry.

(3) On appelle ainsi les contrées de forêts éclaircies par le *feu* (quelquefois intentionnellement, pour les débarrasser des épines et des broussailles) et qui conservent ce nom de *brûlis* tant que la végétation normale n'y a pas reparu. (*Glossaire du Centre,* du comte Jaubert.)

de Thouars, fit collationner cette lettre à Thouars le 21 sept. 1519. Ce fut par le mariage de Marguerite de Chauvigny que les terres de Rezé et de Thevé entrèrent dans la maison de Linières (1), dans laquelle elles sont toujours restées. Elles appartenoient auparavant à la maison de Déols et à celle de Chauvigny.

Philippes rendit aveu et dénombrement au roi en l'an 1403 (2). Il se qualifioit seigneur de Linières et de Brécy. Dans ce tems là, il y avoit un Godemar de Linières, seigneur de Pruniers et de Menetou-sur-Cher, qui étoit frère de Philippes. La terre de Pruniers, qui relevoit autrefois féodalement de Linières, a été possédée longtems par des seigneurs cadets de la maison et du nom de Linières. Ce Godemar dont nous parlons traita avec Guillaume Poupat, dit Charouer, son homme serf de bois Coulant, de la terre de Pruniers, et l'abonna à cinq sols, une mine (3) d'avoine et une géline (4), et, tenant bœufs, une autre mine d'avoine et six journées de bians (5) par chaque feu et ménage qu'ils tiendroient (6), moyennant trente

(1) Ici encore Gilles-le-Duc paraît en complet désaccord avec La Thaumassière, qui prétend que les châtellenies de Rezé et de Thevé ont été de temps immémorial dans la maison de Linières et qui appelle tous les seigneurs de Linières seigneurs de Rezé et de Thevé, dès Eudes Ier. (LA THAUMASSIÈRE, liv. VIII, chap. XXX, XXXI, XXXII, pag. 660-661).

(2) Les seigneurs de Linières rendaient directement aveu au roi, à cause de son château d'Issoudun, depuis 1227. (LA THAUMASSIÈRE, liv. VIII, chap. XXIX, pag. 660.)

(3) Ancienne mesure.

(4) Poule.

(5) Corvées se rattachant plus spécialement à la récolte des biens de la terre. *(Dict. de Trévoux.)*

(6) Sous-entendez : *les Poupat,* ainsi dénommés au pluriel par Gilles-le-Duc quelques lignes plus bas. Guillaume Poupat avait traité au nom de tous les siens.

écus d'or au coin du roi valant pour lors vingt deux sols six deniers reçus dudit Poupat, ce qui fut passé l'an 1403 sous le grand scel dudit seigneur. Ceci étant venu à la connoissance de Philippes de Linières, seigneur féodal de la dite seigneurie, les Poupat furent ajournés à sa requête pour voir casser également à sa requête le dit contrat d'abonnage; il leur imposa comme à ses serfs la somme de quatre sols (il est dit ailleurs quarante sols). Cette procédure s'est trouvée chez les Poupat dits Charouer.

Philippes eut de son mariage avec Marguerite de Chauvigny quatre garçons et trois filles, savoir : I. Jean, l'aîné, qui eut la terre de Linières après lui (voir chap. suivant) ; II. Louis, dont il est fait mention dans un arrêt rendu en 1403 (1); III. André, qui fut reçu comte de Lyon en 1401 ; IV. Charles de Linières, dont on ne sait rien ; V. Florie de Linières, qui fut mariée le 17 novembre 1393 à Guillaume de Tussé et eut en mariage trois mille cinq cents francs; elle épousa en secondes nopces Jugerger d'Amboise, fils de Pierre d'Amboise, vicomte de Thoars ; VI. Marguerite de Linières, sa seconde fille, épousa Jean de Prie, V du nom, seigneur de Buzançois, grand Panetier de France, capitaine de la Grosse-Tour de Bourges, qui fut tué l'an 1427 en la défendant contre les Anglais. Elle, Marguerite, n'eut point d'enfans de son mariage. Jean, baron de Linières, son frère, lui avoit donné par contrat de mariage du 27 janvier 1414, douze cens écus d'or. Elle vivoit encore en 1438, et elle plaidoit au parlement contre Jean de Prie, Jean

(1) Arrêt du Parlement intervenu entre Philippes et Marguerite Dauphine, comtesse de Sancerre, pour les terres de Sagonne, de Charpignon et d'Aveurdre, qui avaient appartenu à Jean de Sancerre. (LA THAUMASSIÈRE, liv. VIII, chap. XLV, pag. 668.)

de Castelnau, Isabeau de Prie, sa femme, et les enfans de Guy de Seuly et de Jeanne de Prie, pour la restitution de ses droits ; VII. Jeanne de Linières, femme d'Antoine de Preüilly, tué à la bataille de Genville, se remaria à Yves de la Broceraye ; elle plaidoit au parlement l'an 1435.

L'histoire de Berri fait mention d'une affaire qui arriva à Linières du tems de Philippes ou peu après sa mort. En 1412, il se donna un combat où le Maréchal d'Helly fut défait avec quatorze cens chevaux et un corps considérable d'infanterie par le duc de Bourbon (1) et plusieurs autres princes révoltés contre le roi Charles VI. Ce maréchal, après sa défaite, fut contraint de se retirer dans le château de Linières, d'où il se retira sourdement, et alla trouver le roi, qui vint en personne assiéger Bourges où étoient pour lors le duc Jean et tous les princes révoltés. Le siège dura neuf semaines pendant lesquelles on ménagea la paix. Les seigneurs de Château-roux et de Linières, que l'histoire appelle les plus grands seigneurs du Berri, suivirent toujours le parti du roi.

JEAN V, Baron de Linières.

CHAPITRE XIV.

Jean V du nom, seigneur de Linières, Rezé et Thevé, conseiller et chambellan du Roi, Grand-Queux de France, étoit chevalier dès l'an 1400. Il étoit fils aîné

(1) RAYNAL, *Hist. du Berry*, tom. II, pag. 472 et suiv. — Il n'est resté, à Linières, aucun souvenir du terrain exact des opérations ni aucune croix ou autre monument commémoratif de cette bataille.

de Philippes et de Marguerite de Chauvigny. Il eut la charge de Grand-Queux par lettres patentes de l'an 1412 (1). Il épousa une dame très-riche du Vexin près Paris, qui s'appeloit Jaqueline de Chambely, fille du sieur de la Haye de Chambely et de Béatrix de la Rochéguyon. Ce mariage fut fait vers 1400.

Le 3 mai 1412, il reçut par ordre du Roi la somme de mille livres, à cause des pertes qu'il avoit souffertes des Anglais, comme nous l'apprenons du compte de Renaud de Longueil, trésorier des Guerres. Il servit toujours le roi Charles VII (2) comme son père avoit servi Charles VI contre les Anglais (3), en haine de quoi Henri, roi d'Angleterre, donna par lettres patentes du 12 janvier 1423 à Thomas Druig, écuyer, la terre de Vaux et autres qui lui appartenoient à cause de Jaqueline de Chambely, sa femme, terres assises aux bailliages de Caux, Mantes, Meulan, Senlis, et en la prévôté de Paris, parmi lesquels biens il y avoit de grosses rentes dans la ville de Rouen, et spécialement sur les halles, qui furent données depuis en mariage à dame

(1) Mars 1412. (RAYNAL, *Hist. du Berry*, tom. II, pag. 471.)

(2) Il est question de ce Jean de Linières, Grand-Queux de France, dans l'*Histoire de Charles VII*, de M. Vallet de Viriville (1862, édit. Renouard, tom. I, pag. 451). On y lit que Jean se trouva en litige avec le seigneur de Culant. Pour éviter la guerre privée, ils furent cités judiciairement devant le roi. Tous deux comparurent devant Charles VII, au château de Mehun-sur-Yèvre, vers 1426.

(3) Certains historiens assurent même que, durant la domination des Anglais, le château de Linières servit quelquefois de refuge à Charles VI et à Charles VII, lorsque ce dernier promenait sa royauté nomade de château en château. (*Dict. Larousse*, au mot Linières.) Gilles-le-Duc ne fait pas d'allusion textuelle à ces séjours royaux, qui auraient cependant bien, s'ils étaient établis, leur intérêt pour l'histoire linéroise. Ce que notre manuscrit nous dit du dévouement de Philippes et de Jean V de Linières à Charles VI et à Charles VII contribue, toutefois, à rendre vraisemblable l'exactitude de l'assertion résumée dans Larousse.

Agathe de Beaujeu, comme nous verrons ensuite.

Jean V rendit aveu de sa châtellenie de Rezé au seigneur de Châteauroux dont elle relève, le 6 novembre 1424. Il affranchit un Macé Poupat, homme serf venu de la châtellenie de Pruniers, tenue alors en fief de celle de Linières : la lettre est scellée de cire rouge avec l'écusson de ses armes et datée du 21 juin 1428.

On voit une transaction qu'il passa avec messire Guy de Chauvigny, baron de Châteauroux, pour raison des gens serfs de Rezé faits prisonniers par ledit seigneur de Château-roux. On a trouvé aussi un fragment de compte de sa maison, rendu l'an 1423, dans lequel on voit plusieurs fondations faites par les anciens seigneurs de Linières.

A Messire Parnajon, prieur de Saint-Blaise, six sextiers de seigle ; au curé de Linières sept sextiers neuf boisseaux ; au curé de Saint-Hilaire, à la charge d'un anniversaire chaque vendredi de carême, trois sextiers neuf boisseaux ; au curé de Saint-Christophe, pour une messe tous les lundis pour les seigneurs de Linières, trois sextiers neuf boisseaux ; à messire Jean Laurent, prêtre et maître de l'Hôtel-Dieu (1) de Linières, pour une aumône perpétuelle échéant à la Saint-Michel, trois sextiers seigle ; au pitancier de Chezalbenoit, pour les causes contenues ès comptes de bonté (2), par an deux sextiers seigle ; à messire Pierre Ravau, vicaire de la grande vicairie du Châtel

(1) Cet hospice existe encore à Linières et a été restauré, ou plutôt reconstruit, en 1861, comme nous aurons occasion de l'expliquer de nouveau plus tard, par M. le vicomte de Bourbon-Busset, père du propriétaire actuel du château.

(2) On appelle *bonté*, par rapport au profit qu'en tire la culture, l'état d'une terre dans laquelle on a fait, l'année même, une récolte en céréales. (*Mémoires de la Société historique du Cher*, année 1888, *Quelques Additions au Glossaire du Centre*, par M. Porcheron, ancien

de Linières, pour avoir célébré en la dite vicairie quatre messes, une chaque semaine, avec autres dévotions, trois sextiers neuf boisseaux ; à M. Simon Touseau, Procureur et Maître de l'Aumône de la Blie (1), à qui monsieur a accoutumé de donner, en augmentation d'icelle, un sextier et demi de seigle, plus baillé pour payer la dépense de l'hôtel de Linières, pour employer en la dépense d'icelui depuis le 2 juin 1422 jusqu'au 2 juin suivant, huit muids quatre sextiers cinq boisseaux de bled.

Ce Seigneur vivoit encore en 1432, mais il mourut après un règne d'environ vingt ans, et par sa mort finit la branche masculine de sa maison, l'une des plus nobles et des plus anciennes de sa province. Il ne laissa qu'une fille qui, par son mariage, transporta cette seigneurie dans la maison de Beaujeu (2).

notaire à Lignières, pag. 141.) Ces comptes de *bonté* étaient sans doute les comptes annuels du revenu des terres, défalcation faite des dépenses d'ensemencement et des autres frais?

(1) Le quartier du Champ-de-foire, à Linières, se nomme encore la *Bline*. Ce terme serait-il un dérivé du mot *Blie*, dont se sert notre manuscrit ?

(2) Raynal exprime la même pensée au tom. II, pag. 25, de son *Hist. du Berry*, mais en laissant percer, dans un langage élevé, ce regret instinctif qu'inspirent toujours à l'historien les grands noms qui s'effacent : « Les fiefs de Jean de Linières, après avoir passé, » par des alliances successives, aux maisons de Beaujeu et d'Amboise, » furent, au XVIe siècle, transmis aux Larochefoucault. En la per- » sonne de Jean de Linières s'éteignit ainsi l'illustre et antique famille » de Linières, l'une de ces grandes maisons féodales que l'on peut » appeler primitives, parce qu'elles remontent à l'origine même de » la féodalité. Elles disparaissent successivement aux XIVe et XVe siè- » cles, pour laisser place à des familles étrangères ou nouvelles, qui » n'ont plus pour nous le même intérêt, qui habitent peu la pro- » vince, se serrent de plus en plus autour du trône, et cessent » d'avoir avec le pays ces liens étroits et ces relations intimes qu'a- » vaient fidèlement conservés les descendants des premiers posses- » seurs du sol. »

LIVRE SECOND

LA FAMILLE DE BEAUJEU.

L'illustre maison de Linières qui, depuis plus de quatre cents ans (1), sans compter les tems antérieurs dont nous n'avons pas de connoissance, avoit possédé cette terre, ayant cessé dans la personne de Jean, cette terre passa dans la maison de Beaujeu par le mariage de Jaqueline de Linières avec Édouard de Beaujeu, qui étoit un cadet de la maison de Flandres. Il y a eu quatre générations, savoir : Édouard, François, Jacques et Philbert, qui ont possédé cette terre environ 110 ans, savoir depuis 1430 jusqu'en 1540 (2).

ÉDOUARD DE BEAUJEU.

Édouard de Beaujeu étoit fils de Guillaume, seigneur d'Amplepuis (et Guillaume lui-même étoit fils de Guichard le Grand, seigneur de Beaujeu et de Dombes, et de Jeanne de Châteauvillain). Édouard de Beaujeu est aussi connu par suite d'un passage de l'acte de

(1) On se souvient que l'*Avant-Propos* de Gilles-le-Duc (pag. 23) parle même de cinq cents ans.

(2) A partir de ce livre second, Gilles-le-Duc n'indique, en tête des cahiers de ses *Mémoires*, que les noms des seigneurs, sans continuer à subdiviser expressément son travail en chapitres. Nous observerons naturellement cette nouvelle manière de faire. Nous tenions seulement à prévenir le lecteur que nous ne ferons en cela que reproduire purement et simplement le manuscrit.

fondation du Chapitre, où François, son fils, dit qu'il l'a fondé (lui, François) pour prier Dieu pour les âmes de son défunt seigneur et père *Edouard de Beaujeu,* et de dame Jaqueline de Linières, sa mère. Il y a, de plus, quelques *Mémoires* qui font mention qu'en 1443, le 15 juillet, Édouard de Beaujeu et Jaqueline, sa femme, firent un arrentement (1) à Simon Rassise moyennant quatre réaux d'or payés comptant, et deux deniers de cens, et qui parlent d'une transaction faite le 13 novembre 1445, entre nobles et puissans seigneurs Philippe de Culant, Chevalier, Maréchal de France, et Madame Agathe de Beaujeu, sa femme, d'une part, et Mgr Édouard de Beaujeu, Chevalier, seigneur d'Amplepuis et de Linières et Madame Jaqueline de Linières, sa femme, père et mère de la dite Agathe de Beaujeu, sur ce que le dit seigneur de Culant et de Châteauneuf se plaignoit de n'avoir pas eu en mariage ce qui pouvoit lui appartenir, et par là je conjecture qu'Édouard de Beaujeu eut deux enfans, savoir cette Agathe, Dame de Châteauneuf, et François, qui fut seigneur après lui à Linières, et il paroit encore qu'il se fit un échange entre ces deux maisons illustres, le seigneur de Linières ayant épousé Anne, sœur du seigneur de Châteauneuf, et le seigneur de Châteauneuf ayant épousé Agathe, sœur du seigneur de Linières.

La Thaumassière (2) dit qu'Édouard avoit encore une autre fille appelée Marguerite, mariée à Guillaume de Seuly, seigneur de Voüillon, Saint-Août et Saciergès, et François lui donna pour supplément de mariage 2,000 livres tournois l'an 1486.

(1) On sait qu'arrenter veut dire donner à rente.

(2) Liv. VIII, chap. XLVI, pag. 669.

Édouard et sa femme vivoient encore en 1450, comme on voit par la transaction qu'ils firent sur le procès mû entre les Labain, demandeurs, contre lesdits seigneur et dame, pour raison du village des Brunets qui se trouvoit noyé, avec ses prés, terres et vignes, dans l'étang du Pont-Chauvet (1) que ledit seigneur avoit fait faire. Il affranchit, en récompense, les Labain, et les Cainat, et leurs successeurs, de toutes charges, par acte de 1453.

Ce fut en cette même année 1450, le 22 avril, que l'église de Notre-Dame de Linières fut dédiée et consacrée par Jean Cœur, archevêque de Bourges (2). Cette même année, Poton de Xaintrailles (3) étoit Grand Bailli et Gouverneur de Berri. Les Seigneurs dont nous parlons (4) ont vécu depuis 1430 jusqu'en 1465 : ils ont possédé cette terre ce tems durant.

FRANÇOIS DE BEAUJEU.

François de Beaujeu est connu plus particulièrement par les titres du Chapitre. Il signoit assez souvent

(1) L'étang du Pont-Chauvet était situé au-dessous de celui de Villiers. Il est encore mentionné dans un *Annuaire du Cher* de l'an VI (Bourges, imp. Manceron, pag. 41). Il est aujourd'hui en culture. Cet acte d'accord de 1450 se trouve aux Archives du Cher, série E, 865, terre de Linières.

(2) On sait que Jean Cœur était fils de Jacques Cœur, le célèbre argentier du roi Charles VII.

(3) Poton de Xaintrailles fut aussi capitaine de la Grosse-Tour de Bourges, seigneur de Vailly, dans le Sancerrois, etc. C'est lui dont le nom se trouve mêlé à la patriotique histoire de Jeanne d'Arc, avec ceux de Dunois, de La Hire, etc.

(4) Cette expression : *les seigneurs*, ne doit s'entendre que d'Edouard de Beaujeu et de Jacqueline de Linières, sa femme, puisqu'il va être parlé séparément de François, leur fils.

François de Linières, quelquefois de Beaujeu. Je n'ai point vu qu'il ait pris d'autres armes que celles de Linières, comme il paroît par le grand sceau de la dotation du Chapitre, où il a signé *de Linières*.

Il épousa vers 1445 Anne de Culant (1), sœur de Philippe de Culant, seigneur de Culant et de Châteauneuf-sur-Cher. L'histoire de Berri rapporte que Charles, duc de Normandie, frère de Charles VII, lui adressa la Commission suivante :

Charles, fils et frère de rois de France, duc de Normandie, à notre amé et féal Conseiller et Chambellan, le sire de Linières, salut et dilection. Comme, en nous faisant, par Monseigneur le Roi, pour tout notre droit d'espargne (2), le bail, cession et transport du Duché de Normandie, ainsi qu'il se comporte et peut étendre avec ses appartenances, il a été expressément dit et accordé que mon dit seigneur reprendroit et que nous lui délaisserions le Duché de Berri avec ses appartenances et dépendances, lequel duché il a repris en ses mains, et remis à la Couronne. Nous voulons faire et accomplir de notre part ce qui a été dit sur ce et accordé du duché

(1) Ce fut à Anne de Culant que fut confiée l'enfance de Jeanne de France, l'une des filles de Louis XI, devenue plus tard duchesse de Berri, et qui occupe une place importante dans l'histoire de cette province. Même après son mariage, Jeanne séjourna encore de temps en temps au château de Linières, quelquefois avec son mari (v. pag. 20, note 1); mais le plus souvent seule, car son mari vivait peu avec elle et on sait par quels moyens iniques il obtint la dissolution de cette union. On regrette que Gilles-le-Duc se confine parfois trop exclusivement dans l'histoire des seigneurs de sa ville et n'ait point, par exemple, cherché à recueillir et à donner quelques détails locaux sur cette fille, sœur, épouse de rois de France que le château de Linières avait longtemps abritée. (Voir cependant deux rapides allusions quelques pages plus loin, à propos de franchises accordées par Louis XI à Linières en souvenir de Jeanne, puis au sujet des obsèques de cette même princesse, au cours desquelles un seigneur de Linières tenait un coin du drap mortuaire.)

(2) Droit sur le patrimoine royal, comme fils et frère de rois. L'*espargne* s'entendait du trésor royal, des biens de la couronne.

de Berri dépendances et appartenances quelles qu'elles soient, et quelques droits qu'y ayons et pouvions avoir, l'avons délaissé et délaissons à Monseigneur le roi, et nous en sommes dévêtu, et voulons qu'il en puisse prendre pour ses gens la possession quand il lui plaira. Et nous confiant de votre loyauté, nous vous mandons par ces présentes que vous vous transportiez au dit pays et duché de Berri, et mêmement en la ville de Bourges, pardevant les Officiers Capitaines de la Grosse-Tour, et aussi à toutes les autres villes, châteaux et forteresses du dit pays, pour signifier et faire à savoir la délivrance du dit duché de Berri mis à la Couronne de France, en leur enjoignant et commandant d'obéir à Mon dit seigneur le roi et à ses Officiers, et leur délivrant incontinent et sans délai les dites villes et forteresses sans contredit. Et en les baillant à Mon dit seigneur le roi, avons quitté et déchargé ceux qui en avoient la garde de tous serments et obligations qu'ils pourroient avoir envers nous faits. En témoignage de ce, nous avons signé ces présentes de notre main et avons fait mettre notre scel. Donné à Saint-Maur-des-Fossés, le 29 octobre 1465 (1).

François de Beaujeu fit signifier ces lettres à David, chambellan, lieutenant général au bailliage de Berri, aux Maires, Echevins et plus notables Bourgeois, qui jurèrent entre ses mains l'obéissance au roi, et il entra pour le roi en possession de la ville de Bourges (2) par la tradition des clefs des portes d'icelle, et il les rendit ensuite aux Maire et Echevins.

Ce fut vers 1471 qu'il commença à solliciter l'érection d'un Chapitre à Linières, ayant requis pour cela le nom et l'autorité du roi Louis XI, pour présenter requête conjointement avec lui au pape Sixte IV aux

(1) Le texte de ces lettres se trouve également dans Chaumeau, *Hist. de Berry*, pag. 150, et ne diffère de celui de notre manuscrit que par les particularités d'une orthographe plus ancienne. (Rappelons que l'édition de Chaumeau remonte à 1566.)

(2) Chaumeau (loc. cit.) ajoute que le peuple fut ému de joie et s'adonna cette journée-là à plaisir et bonne chère, en louant Dieu.

fins d'ériger en collégiale l'église de Notre-Dame de Linières qui n'étoit pour lors que paroissiale, et d'y instituer un doyen (première et principale dignité), qui seroit chef du Chapitre et Curé de la paroisse avec six chanoines et d'autres bénéficiers, qu'il s'obligeoit de doter suffisamment pour bien et honnêtement vivre suivant leur qualité, et demandoit que la première qualité fût élective; et le pape accorda sa requête par sa Bulle datée du 14 des Calendes d'octobre 1471 (la première année de son pontificat), adressée aux Abbés de Chezalbenoit et de Puyferrand.

Il vint en France, en ce tems là, un Légat appelé Bessarion, Evêque de Sainte-Sabine, Cardinal de Nicée et Patriarche de Constantinople, qui expédia une Bulle datée de Blois, du 3 des Cal. d'août 1472, par laquelle il commit de nouveau les deux Abbés sus-nommés pour fulminer les Bulles apostoliques et pour procéder à l'érection du Chapitre. Messire Jean Cœur, archevêque de Bourges, Eucard, abbé du Bourg-Dieux, et ses religieux, et les fabriciens et paroissiens de Linières, furent assignés à comparoir dans l'église de Linières pour être présens et consentir à la dite création. Jean Pinette, bachelier en droit, y comparut pour le seigneur archevêque, qui remontra que l'exécution des rescrits apostoliques devoit être commise à des personnes constituées en dignité, et que l'assignation du lieu pour les exécuter devoit être dans des lieux insignes, où l'on puisse trouver plusieurs personnes habiles; que le lieu de Linières n'étoit pas insigne et qu'il n'y demeuroit personne savant en droit. A quoi il fut répondu qu'il est vrai que telles exécutions ne devoient être commises qu'à des personnes constituées en dignité, et que c'est pour cela qu'elle est adressée à un Abbé, et, pour l'assignation du lieu dans les grandes villes, que cela est bon pour des affaires de droit où il est besoin de grandes recherches, mais que dans l'exécution des présentes lettres apostoliques, il ne s'agissoit que du fait, et que l'effet d'icelles ne tendant qu'à l'augmentation de l'office de Dieu, on en devoit juger sommairement, et qu'on pouvoit mieux être informé de tout ce que les lettres contenoient à Linières qu'en tout autre lieu. Alors le commissaire ordonna que l'exécution seroit faite à Linières, et qu'on n'assigneroit point d'autre lieu, et qu'elle seroit remise au lendemain, avec assignation du Procureur à Mgr l'Archevêque d'y comparoir, si faire le vouloit, et d'y dire tout ce qu'il auroit à dire pour empêcher cette érection , ou pour y consentir ; de quoi il appela sur-le-champ à Notre Saint-Père le Pape, et au Saint-Siége « *instanter, instantiùs, instantissimè* », et protesta de nullité et d'attentat de tout ce qui se feroit.

Néanmoins, sans avoir égard à son appel qu'on regarda comme frivole et sans grief, sauf le respect dû au Saint-Siége, on procéda à l'érection. L'abbé et les religieux du Bourg-Dieux s'étoient opposés au dessein du seigneur de Linières, parce qu'il avoit demandé au Pape que la dignité du doyen fût élective et unie à la cure, ce qu'ils ne voulurent pas permettre, parce que la cure étoit à leur nomination. Pour quoi le dit seigneur fit accord avec eux portant : que le doyenné seroit uni à la cure, et que le seigneur y nommeroit à la première vacance, mais que l'abbé du Bourg-Dieux y nommeroit à l'avenir, et toutes les fois qu'il vaqueroit, ce qui se fait encore ; que le couvent du Bourg-Dieux auroit la moitié des oblations de cette église. Il y a apparence que c'est la raison pour quoi le Chapitre paie vingt livres de rente au prieur de Saint-Hilaire, quoique toutes les oblations aujourd'hui ne valent pas la vingtième partie de cette somme, et en ce tems là même les paroissiens de Linières prétendoient que les religieux du Bourg-Dieux (qui demeuroient pour lors au prieuré de Saint-Hilaire) devoient dire une première messe à Linières. Il fut dit que les chanoines la diroient en attendant la fin du procès. Il fut encore dit (par cet accord) que les religieux auroient toutes les oblations pendant la quarantaine après le décès du doyen, comme ils avoient coutume de les avoir quand le curé décédoit. Cet accord fut homologué par le Légat, et est énoncé dans sa Bulle ci-devant datée. A ces conditions, frère Mathurin Yves, religieux, se présenta fondé de procuration d'Eucard, Abbé régulier du Bourg-Dieux, et frère Antoine de Ligondin avec procuration des religieux du Chapitre de la dite abbaïe datée du 4 mai 1468.

Le Procureur Fabricien de l'église, nommé Guillaume Auger, y comparut pour la fabrique et pour les pauvres au nom de tous les paroissiens, en vertu de leur procuration en date du 19 mars 1471. Elle est signée des principaux habitants dont les noms ne se trouvent plus : André Cordat, Jean et Jacques Dumas, Jean Amourette, Pierre de Prinxent, Mathurin de la Chaume, Jean Toureau, Simon Lamouche, Pierre Maury, Louis Binon, Jean Lecesne, Jean Neveu, Jacques Rossignol, Thomas Deluc, Barthélemy Podat, Anet et Louis Magnon, Jean Duplaix, Pierre Ragu, Jean Deluc, Paquet Réné et Guillaume Cendrier. Le dit Guillaume Auger et plusieurs autres déclarèrent qu'ils ne vouloient empêcher l'exécution des lettres apostoliques, pourvu que le dit service accoutumé d'être fait dans leur église ne fût point diminué ; sur quoi on peut admirer la précaution de ces messieurs qui voyoient qu'on prenoit tant de peine, et que l'on faisoit tant de dépense pour augmenter le service divin dans leur église, et cependant ils craignoient de le voir diminuer.

Enfin, en l'absence du dit seigneur François de Linières, et par les poursuites de discrète personne M. Pierre Demifoy, Bachelier en droit, Procureur du dit seigneur, en vertu de procuration spéciale à cet effet, datée du 2 mai 1473, Philbert de la Vergne, Abbé de Chezalbenoit, procéda à l'exécution et fulmination des Bulles, et fit l'érection du Chapitre, le mercredi après jubilé de l'an 1473, érigeant l'église paroissiale de Linières en collégiale séculière, avec les honneurs, privilèges, prééminences, marques d'honneurs accoutumés aux autres Chapitres, y instituant un Doyen, première et principale dignité, chef du Chapitre et qui seroit aussi curé de la paroisse, et un collége de six chanoines prébendés. La nomination du Doyen devoit appartenir à l'abbé du Bourg-Dieux, maintenant à M. le Prince de Condé depuis que cette abbaïe a été sécularisée, et la nomination des chanoines appartient au seigneur de Linières, patron et fondateur du dit collége, avec pouvoir d'y instituer encore d'autres chanoines et bénéficiers dont la nomination appartiendra aux seigneurs et la collation de tous à Mgr l'Archevêque de Bourges, et plusieurs autres ordonnances qu'on peut voir dans les lettres d'érection.

Comme Sa Sainteté n'avoit permis cette érection qu'à la charge de bien et suffisamment doter les doyen et chanoines et bénéficiers qui devoient desservir le dit chapitre, François de Linières expédia des lettres en date du 30 octobre 1473, signées de sa main, et scellées du grand sceau de cire rouge en lac de soie verte, par lesquelles il donne au chapitre la somme de soixante-deux livres tournois et six muids et deux septiers de seigle par an, pour doter un doyen et six chanoines et un sacriste, selon qu'il lui avoit été ordonné par N. S. Père le Pape (1).

Cette somme de 62 livres en argent étoit assignée, savoir : 22 livres sur les habitans de Vic-sur-Aubois, deux sols sur ceux qui avoient bœufs et un sol sur ceux qui n'en avoient pas; (on ne sait ce que cette rente est devenue) ; 3 livres six sols à prendre sur dix particuliers nommés dans la dotation ; 50 sols sur la franchise de Felletin, dont chaque feu devoit 5 sols; (on ne voit pas que le Chapitre en ait joui) ; 13 livres 2 sols six deniers sur les habitans de Thevé, qui devoient dix sols par feu ; 10 livres 2 sols sur les habitans de Verneuil (2) ; (le Chapitre a joui longtems de cette rente et l'a remise entre les mains de Madame Colbert au mois d'aoust 1684) ; 10 sols sur les habitans du Petit Bois; (on en jouit encore de quelque chose) ; 9 livres 3 sols 4 deniers sur le péage de Thevé ; 9 sols six deniers sur la dixme des molins (3) ; 11 livres sur la prévôté de Thevé ; dix livres sur le four banal de Linières. Il faut que, dans ce siècle là, les espèces d'argent fussent bien hautes et qu'un sol valût approchant d'une pistole, car pour un doyen, six chanoines, un sacriste, on ne leur donne pas chacun six ou sept francs. Par la suite, les

(1) Ce fut là sans doute une des raisons des honneurs tout particuliers que le clergé de Linières rendit de tout temps aux châtelains, faisant sonner les cloches à leur intention, allant au-devant d'eux avec le dais, etc., comme nous le remarquerons sur la fin de ces *Mémoires*, au cours de la vie de Marguerite-Louise Colbert de Seignelay, comtesse de Lordat.

(2) Les lieux dits Felletin, Verneuil, etc., ont conservé encore aujourd'hui ces dénominations.

(3) La dîme sur les moulins. On dit encore, dans le patois berrichon, *molin* pour moulin. (*Glossaire du Centre*, du comte Jaubert.)

espèces ayant augmenté, les petites rentes ont été tellement négligées qu'à la fin elles se sont perdues. Quant au bled, le fondateur en avoit donné à prendre sur le moulin de Thevé cinq muids un sextier sept boisseaux et demi, à la charge que de trois ans en trois ans le Chapitre souffriroit que l'étang de Thevé fût en pêche trois mois : que s'il y restoit davantage et que le moulin ne pût tourner, le seigneur promettoit de bonne foi récompenser le Chapitre à proportion que le moulin auroit vaqué. On ne voit pas que le Chapitre ait joui longtems de ce moulin, et il y a apparence que cela fût échangé avec la moitié du dixième et terrage du bois Trevi dont le Chapitre jouit par indivis avec les seigneurs de Linières dont il ne reçoit pas plus de deux muids de seigle et un muid d'avoine chaque année. François de Linières donna de plus sept sextiers de seigle et deux d'avoine sur le terrage de Petit Bois et trois sextiers de seigle provenant du terrage de l'Aude-Noire. Les coutumes de Petit Bois (nommées Mines et Minages,) sont que chaque habitant ayant bœufs doit une mine de seigle et, sans bœufs, un quart. Ces coutumes sont évaluées à quatre sextiers de seigle. Ces trois derniers articles ne produisent à présent que dix sextiers de seigle et deux d'avoine. Enfin il donna le terrage de Bois-Roux estimé vingt un sextiers, les deux tiers de seigle et le tiers d'avoine. La plus grande partie de ce bled a été échangée par les seigneurs en d'autres choses équivalentes, suivant la faculté qu'en avoit retenue le seigneur fondateur, et, quant à cela, le Chapitre ne reçoit aujourd'hui que quatre muids de seigle et deux muids d'avoine ; le muid étant de douze sextiers et le sextier de douze boisseaux, et si cet établissement n'avoit point été fait dans une paroisse où les seigneurs suivans et les habitans ont fondé plusieurs obits (1), il n'y avoit pas en tout cela de quoi faire vivre un homme et payer les charges.

François de Linières obtint la confirmation de cette érection de son Chapitre du Roi Louis onze. Ses lettres sont datées du Plessis-les-Tours, au mois de novembre 1473. En cette même année, le 14 février, qui étoit le dernier ou le pénultième mois, (car l'année commençoit alors à Pâques) (2) les vignes du Chapitre qui venoient de la Cure, de la Vicairie et de l'Hôtel-Dieu, réunies au Chapitre, furent partagées entre le doyen et les chanoines comme elles sont encore aujourd'hui.

Le même mois de la même année commença un procès entre le seigneur fondateur, le doyen et Chapitre joints, contre la veuve Jean Dumas, qui avoit fondé par son testament une messe par semaine dans l'église de Linières, et cette veuve la faisoit dire par un Guillaume Richer, prêtre, qui n'étoit point du Chapitre. (Il y avoit alors à Linières plusieurs prêtres qui n'étoient point du Chapitre.) Le dit seigneur fit défense de dire ni fonder à l'avenir aucun obit, service, dans la dite église sans la permission du Chapitre. Il obtint sentence à Issoudun le mardi 16 juillet 1476.

En 1476, il y eut un affranchissement de tailles, aides et subsides quelconques, accordé par le roi Louis XI aux habitans demeurant dans la basse-cour du château de Linières, en considération de ce que Madame Jeanne de France, duchesse d'Orléans, fille du dit seigneur roi, y avoit passé son enfance : elle y étoit encore lors de l'octroi des présentes. En 1493, le

(1) Services pour le repos de l'âme des morts.

(2) Et il en fut ainsi jusqu'à la réformation du calendrier, en 1582.

3 décembre, il y eut lettres patentes du roi Charles VIII (1) portant confirmation des susdits privilèges, où les sieurs de Graville, Amiral de France, et de Lisle, Grand Maître et Réformateur général des Eaux et Forêts de France, sont témoins. Cette tradition, qu'on devroit conserver soigneusement, est à peine connue dans le pays, quoique consignée dans les histoires de la Thaumassière et de Chaumeau (2). On se souvient seulement que, dans la basse-cour de l'ancien château, il y avoit plusieurs petits appartemens et des boutiques pour toutes sortes de métiers, où les artisans se retiroient pour être exemts. Il se trouve même quelques baux à ferme d'une tour carrée qui étoit dans le château, à la charge d'être exemt de subsides.

Ce fut ce seigneur (François de Beaujeu) qui accorda haute, moyenne et basse justice et droit de guet à Jean Dumas, Conseiller et Chambellan du Roi, seigneur de Lisle, pour la somme de 1,200 livres, à condition qu'elle relèveroit par appel devant le bailli de Linières. La concession est du 12 octobre 1480: elle fut confirmée par le roi Louis XI au mois de juin 1482.

Le 17 février 1483 il (François de Beaujeu) donna pouvoir à noble homme François Marsat, Ecuyer, son vassal, seigneur du Coudray en la terre de Thevé et

(1) Frère de Jeanne de France.

(2) L'auteur de ces Notes n'a rien trouvé dans La Thaumassière, qui consacre cependant à Jeanne de France un chapitre spécial de son *Histoire* (liv. I, chap. XXXV, pag. 39), et les *Coutumes générales et locales* ne paraissent rien contenir non plus à ce sujet, mais Chaumeau relate, en effet, cette franchise pag. 261 de son *Hist. de Berri*, dans le chapitre fort intéressant qui a trait à Linières (liv. VI, chap. XXIII). — V. aussi note 1, pag. 81 ci-dessus.

de Haute-Rive (1), en celle de Linières, maître d'hôtel de haute et puissante dame Madame de Beaujeu, (c'étoit Madame Anne de France, fille de Louis XI), de clore de murailles et fossés et fortifier son château de Haute-Rive où il demeuroit, à la charge de n'y mettre aucun garde qui ne soit ami loyal et féal dudit seigneur de Linières, et ne tenir personne dedans pour la garde sans son congé, avec pouvoir d'en faire ouverture à lui et aux siens pour voir et visiter ceux qui sont dedans, qu'ils pourront jeter dehors, s'ils ne leur plaisent pas.

Ce fut aussi en cette année qu'il (François de Beaujeu) vendit aux nommés Poupat des Charnères certaines terres moyennant 6 deniers de cens et quelqu'argent comptant.

On ne sait pas en quel tems mourut Madame Anne de Culant, sa première femme, mais il épousa en secondes noces Madame (Françoise) de Maillé qui, après sa mort, épousa Jean d'Aumont, seigneur de Château-roux. Les derniers actes qu'on trouve de François de Beaujeu sont de l'an 1483.

Au tems de François de Linières, Louis XI étoit roi de France, Jean Cœur étoit archevêque de Bourges, Jean de Vendôme, (Vidame) de Chartres, Prince de Chabannais, étoit bailli et gouverneur de Berri, Jean Estevard sous-lieutenant général à Issoudun, Guillaume Avignon bailli de Linières, Drouin de la Châtre seigneur du Plaix, et, depuis 1471 jusqu'en 1491, il y avoit un Mars (?) de la Châtre prieur de Saint-Blaise; Antoine Maufrat étoit seigneur de la Dolière; le pre-

(1) Ce fut au château de Haute-Rive que naquit, en 1580, Claude de Laubépine, garde des sceaux de France, enterré dans la cathédrale de Bourges, sous la chapelle qui porte le nom de cette famille.

mier doyen étoit Jean Raymond (1) qui vécut jusqu'en 1486, et les premiers chanoines depuis la création du Chapitre étoient Jean de la Chaume, Jean Pelletier, Macé Cordat, Jacques Noyer et Isembert.

JACQUES DE BEAUJEU

Jacques de Beaujeu, Baron de Linières, seigneur de Thevé, Rezé, Trainel, Marigny, Amplepuis, et vicomte de Troyes, conseiller et chambellan du Roi, fils de François de Beaujeu et de Madame Anne de Culant, commença à être reconnu seigneur de cette terre environ l'an 1483, ou peu après. Il avoit épousé Jaqueline des Ursins, fille de Guillaume Juvénal des Ursins (2), Chevalier, sieur de Trainel et vicomte de Troyes, femme de grande qualité.

Le premier acte qu'on voit de lui est une fondation qu'il fit au Chapitre en 1486 de six livres de rente et d'un petit pain blanc d'un sol tous les samedis de l'année pour dire un salut et une antienne dans l'Église collégiale, et aller tous les samedis après vêpres en la chapelle de Notre-Dame-de-Pitié chanter une prose en l'honneur de la Sainte-Vierge. Il rendit aveu et dénombrement au roi le 28 oct. 1489.

Je trouve un *Mémoire* qui dit que ce seigneur obtint

(1) On se souvient que J. B. Dupré a donné, dans sa Préface (pag. 21), la liste complète de ces doyens

(2) De la famille de Jean Juvénal des Ursins, l'un des historiens du règne de Charles VI.

un arrêt du parlement contre ses sujets pour le droit d'arban (1) et corvée, arrêt daté de 1484, et que l'an 1495 il obtint des lettres du roi par lesquelles il étoit mandé au bailli de Berri de faire exécuter cet arrêt de la Cour de parlement, et que pour cela Jean Salat, Lieutenant général de Bourges, vint en cette ville, et que dans la grand'salle du Château, il fit faire la lecture de cet arrêt, et ordonna qu'il seroit exécuté, en présence dudit seigneur et de Guillaume Avignon, bailli de Linières. Je ne conçois pas bien pourquoi cette démarche, mais je la rapporte sur la foi d'autrui. Mais voici une autre action du même seigneur bien authentique: elle est de l'année 1495. Il présenta requête au pape Alexandre VI, tendant à ce qu'il lui fût permis de fonder deux vicairies dans la chapelle de Saint-Jacques et Saint-Philippe de son château de Linières, en l'honneur de Sainte-Geneviève, pour que la messe y fût célébrée tous les jours. Il donna pour cette fondation 60 livres de rente à prendre sur la prévôté et baronnie de Linières, à condition de la pouvoir décharger de cette somme en donnant une autre hypothèque qu'il achètera, dans ou hors ladite terre.

Le pape lui accorda sa requête et en commit l'exécution à Gabriel Dumas, évêque de Périgueux, et à l'abbé de la Prée, par sa Bulle datée de Rome de l'an 1494, et nomma pour les deux premiers vicaires Georges de la Chaume et Pierre de Tillier que le seigneur lui avoit demandés, aux charges de dire la messe tous les jours dans la dite chapelle chacun son

(1) Sorte de prestation forcée de charrois dans quelques provinces. (V. notamm. le *Grand Coutumier* de Dumoulin, revu par Angevin, Paris, édit. de 1635, tom. II.— *Cout. de la Marche*, art. 136, 146, 429.)

jour, ou sa semaine, comme bon leur sembleroit. Cet évêque de Périgueux, seigneur de Lisle, qui est apparemment celui qui en a fait bâtir le Château-fort, avoit pour secrétaire un Guillaume Blondeau, prêtre, vice-gérant de l'archiprêtré de Château-neuf à Linières, et procéda à l'érection des dites vicairies dans son château de Lisle le 19 nov. 1495. Dans ces lettres on atteste que la terre de Linières vaut plus de deux mille livres de rente. On ne voit point ce qu'est devenue cette fondation : il n'en reste plus aucun vestige dans le chartrier du Chapitre. En 1503, Jacques de Beaujeu fonda au Chapitre une messe basse appelée la Messe du Pardon, on ne scoit pourquoi ; elle devoit se dire tous les jours à l'autel Saint-Eloi et Sainte-Catherine, moyennant 45 livres de rente. Ce fut environ ce tems, en 1501, que Philbert de Beaujeu, fils de Jacques et de la dame des Ursins, fut marié à Catherine d'Amboise, dont nous parlerons ci-après. La dame d'Aumont, veuve de François et belle-mère de Jacques, vivoit encore en 1511 ; elle fit quelques fondations au Chapitre comme elle en avoit déjà fait une autre à N.-D.-de-Pitié en 1508.

Jeanne, Reine de France (1), mourut à Bourges, au Monastère de l'Annonciade, au mois de février 1504. On lui fit de magnifiques obsèques, et les seigneurs de Linières, de Château-neuf, de Château-roux, et de la Ville de Bourges portoient les quatre coins du drap (2).

(1) V. les notes 1, pag. 20; 1, pag. 81, et 2, pag. 90.

(2) Raynal, *Hist. du Berry*, tom. III, pag. 232, fait, à ce propos, une remarque qui mérite d'être rappelée : « Messieurs de la ville de » Bourges représentaient le quatrième seigneur. C'est la première » fois que nous voyons la bourgeoisie apparaître dans une circons- » tance solennelle et partager les honneurs jadis réservés à la » noblesse. »

(Voyez la Thaumassière, liv. Ier, chap. XXXIV, pag. 39, de son *Hist. de Berry*, et Chaumeau, liv. IV, chap. III, pag. 155 de la sienne.)

Le dernier acte (1) que nous ayons de Jacques de Beaujeu est du 4 mars 1515, qui dit que par le contrat de mariage fait en 1501 entre messire Philbert de Beaujeu, Chevalier, Baron de Trainel, de Marigny, seigneur de Saint-Brisson, Autry, Blanche-Braque, la Motte Jousserant, et Vicomte de Troyes (toutes ces terres étoient venues du côté de sa mère Jacqueline des Ursins), et noble et puissante dame Catherine d'Amboise, son épouse, il avoit été accordé que, s'il ne venoit point d'enfans de leur mariage et que les dits seigneurs Jacques et Philbert, père et fils, n'en eussent point descendans de leurs corps en légitime mariage, la baronnie de Linières et les châteaux-seigneuries de Rezé et Thevé appartiendroient en propre à nobles et puissans seigneurs Charles d'Amboise, seigneur de Chaumont et Grand Maître de France et Guy d'Amboise, chevalier, seigneur de Revel.

Par ce même contrat de mariage, Jacques de Beaujeu avoit donné sa terre de Linières à son fils, mais il s'étoit réservé la liberté de disposer de la somme de vingt-mille livres en une ou plusieurs fois et comme il lui plairoit par vente et donation, ou autrement, et, par ce présent acte, il les donne à son fils en considération des bons, agréables et aimables services et

(1) Raynal, *Hist. du Berry*, tom. III, pag. 551 (pièces justificatives), reproduit aussi des lettres constatant qu'à la suite de difficultés entre Jacques de Beaujeu et les seigneurs de Chauvigny, de Maillé et leur sœur, ceux-ci allèrent, un 20 avril 1486, jusqu'à s'emparer du château de Jacques de Beaujeu, à en enlever les clefs et à lui en interdire l'entrée.

curialités (1) que lui a rendus son fils et qu'il lui rend tous les jours en plusieurs qualités et manières dont il ne l'a (pas encore) récompensé comme il disoit être tenu, moyennant quoi le dit Philbert s'oblige de fonder un obit au Chapitre de Linières pour être dit le jour que Jacques son père décèdera. C'est celui qui se dit le 27 mai : il est fondé de 50 sols et celui de la dame des Ursins, sa femme, de vingt cinq, qui se paient ordinairement par le fermier des parcs.

Ce fut le 27 mai 1516 que mourut ce bon seigneur en son château de Linières. Il fut inhumé le lendemain dans son église paroissiale, laissant veuve Jaqueline des Ursins qui vécut encore longtemps après, si on en croit Jacquemet, qui dit avoir vu un acte judiciaire fait en 1548 qui fait mention qu'elle vivoit encore. Elle devoit être alors extrêmement âgée.

Pendant la domination de ce seigneur, qui a duré environ 32 ans, ont régné Charles VIII et Louis XII. Guillaume de Cambrai étoit archevêque de Bourges. Gilbert Bertrand, Chevalier, Seigneur du Lys-Saint-Georges, se disoit grand bailli de Berri. Jean Sarlat étoit son lieutenant-général à Bourges, Jean de Thorelle lieutenant-général d'Issoudun, Guillaume Avignon, bailli de Linières. Jean Champegnol et Jean de Prie, licenciés en droit, étoient tous deux lieutenans, Pierre Corbin, garde des Sceaux de Linières, Sébastien Laurent, Jean Cornette, François Rayon, Léonard Thibaut, prêtres et notaires; Jean de la Châtre étoit seigneur du Plaix.

En 1514, il y avoit déjà une Confrérie de Notre-Dame

(1) Vieux terme qui tire son origine de la basse latinité et qui signifie *bons offices, procédés honnêtes.* (V. *Glossaire* de Du Cange, V° *curialiter*, dans le sens de *comiter, humaniter.*)

érigée dans l'église de Linières. Elle a été depuis réunie à celle du Saint-Sacrement. Le premier doyen du Chapitre, Jean Raymond, étant décédé en 1486, Pierre Robin lui succéda et vécut jusques en 1514, mais il ne résida presque pas, car, de son tems, les chanoines donnoient la cure à desservir par commission à plusieurs prêtres de la ville qui n'étoient pas chanoines. En 1503, ils la donnèrent à Nicole Pinetereau, à Adam Richier et à Jean Fayard, prêtres vicaires, à charge de faire toutes les fonctions curiales et de demeurer dans la maison décuriale jusqu'à ce que le doyen vînt résider, jouir de la vigne du doyenné, percevoir tous les revenus de la cure, moïennant qu'ils donneroient quatre vingts livres par an à messieurs les chanoines. Le 24 octobre 1511, ils la donnèrent encore pour trois ans à Messire Jean Amourette moïennant qu'il en paieroit au Chapitre 30 livres. Après Pierre Robin, Jean de Segry fut doyen du Chapitre en 1514 : il ne paroit pas qu'il ait résidé plus que son prédécesseur, car il n'est pas nommé dans les actes du Chapitre de ce tems-là.

PHILBERT DE BEAUJEU

A Jacques de Beaujeu succéda Philbert, son fils unique, Chevalier, seigneur Baron de Linières, de Trainel, Chaumont, Meillant, Autry-le-Château, Saint-Brisson, Blanche-Braque, Charenton, Amplepuis, Marigny, Noant, la Motte-Jousserant et vicomte de Troyes, sénéchal d'Auvergne, conseiller et chambellan du roi. Nous avons vu qu'il épousa en 1501 Catherine d'Amboise, fille de messire Charles d'Amboise, gouverneur de Bourgogne et de Champagne qui, étant mort en 1480, laissa madame Catherine de Chauvigny, son épouse, enceinte de la dite dame Catherine d'Amboise qui, ayant été mariée fort jeune à Christophe de Tournon, seigneur de Beauchâtel, resta veuve à l'âge de vingt ans. Elle épousa depuis Philbert de Beaujeu, au lieu de Paris (1) en Bourgogne, par le conseil et agrément du fameux Georges d'Amboise, cardinal archevêque de Rouen, légat du pape en France, qui étoit oncle de cette dame. C'est par elle que la terre de Meillant est entrée dans la maison de Linières. Le château en fut bâti par le cardinal d'Amboise et achevé par son neveu ; il est situé à quatre lieues de Linières, sur les confins du Berri et du Bourbonnois.

Philbert, ayant commencé d'être seigneur de la terre et Baronnie de Linières en 1516, après le décès de Jacques son père, il en fit foi et hommage au roi et à madame Marguerite de France, duchesse de Berri, reine de Navarre, et sœur unique du roi. Jean de Betoulat lui rendit ensuite aveu et dénombrement le 26 mai 1522 pour le fief de la Perrière (2).

Voyant qu'il n'avoit point d'enfans de son mariage, Philbert de Beaujeu fit un testament, le 14 janvier 1528, par lequel, sans avoir égard aux clauses de son contrat de mariage par lequel il avoit substitué Mrs d'Amboise à lui succéder en la Baronnie de Linières, (par ce qu'ils étoient déjà décédés tous les deux sans enfans,) il donne par ce testament sa terre de Linières à sa femme Catherine d'Amboise si elle a des enfans ;

(1) Il s'agit sans doute de la localité appelée actuellement Paris-l'Hôpital, dans le département de Saône-et-Loire ?

(2) Il existe encore aujourd'hui, à quelques kilomètres de Linières, un domaine dit *de la Perrière*.

si elle n'en a pas, il ne lui en donne que l'usufruit sa vie durant, et en donne la propriété après son décès à dame Antoinette d'Amboise, sa sœur, femme du seigneur de Barbezieux. Il ordonne que son corps soit inhumé dans son oratoire de l'église de Linières qui est à côté de la chapelle de Saint-Jean, qu'en icelui soit édifiée une chapelle, et en icelle sa sépulture, entourée de pierres, comme celle de ses prédécesseurs. (Ce qui fait voir que jamais les seigneurs de Linières n'ont cru avoir d'autre paroisse ni d'autre sépulture qu'en leur église de Notre-Dame.) Il fonda aussi deux semi-prébendés pour l'entretien desquels il veut qu'il soit pris 1,200 livres sur les deux mille écus qu'il a retenus sur sa seigneurie de Jousserant en la donnant à son cousin de La Chapelle : ce n'a pas été ce testament qui a été exécuté, car il vivoit encore 12 ans après.

L'histoire remarque que Calvin, qui étudioit à Bourges vers 1532, venoit souvent prêcher à Linières, et que le seigneur l'écoutoit volontiers et en faisoit beaucoup de cas. Il disoit qu'il se plaisoit plus à l'entendre que tous ces moines qui ne lui disoient rien de nouveau (1). Ce n'est pas qu'il se soit laissé surprendre par l'hérésie de Calvin qui ne la débitoit pas encore ouvertement, mais il admiroit en lui la facilité

(1) Théodore de Bèze, dans sa *Vie de Calvin,* ajoute même que quand celui-ci venait ainsi à Linières, *il était reçu* chez le seigneur du lieu. — M. Abel Lefranc, dans son remarquable ouvrage sur la *Jeunesse de Calvin,* couronné par l'Académie française (édit. Fischbacher, Paris, 1888, 2e partie, pag. 107), exprime l'opinion que le témoignage de Bèze ne saurait être pris à la lettre, quand celui-ci avance que Calvin commençait déjà, de cette façon, une sorte d'apostolat. « Les anciens biographes du réformateur avaient, dit M. Le-
» franc, une tendance naturelle à donner à sa carrière d'apôtre des
» antécédents plus éloignés qu'elle n'en eut en réalité. Une tradition
» se forma ainsi, à laquelle quelques tentatives de propagande ont

qu'il avoit de parler. Calvin avoit été endoctriné par un allemand appelé Melchior Wolmar que la reine de Navarre, duchesse de Berri, avoit fait venir pour apprendre les langues grecque et hébraïque à Bourges et qui étoit infecté de l'hérésie de Luther. Il est demeuré dans ce païs une tradition que Calvin avoit prêché dans une grange près la rivière (2), mais elle est fausse dans la circonstance, car quand il a prêché à Linières, çà été dans l'église et dans la chaire ordinaire, comme les autres prédicateurs catholiques. Il est à remarquer qu'aucun des seigneurs de Linières ne s'est laissé engager dans la nouvelle hérésie, et que tous les gentilshommes de cette terre, à leur exemple, sont demeurés fermes dans la religion catholique.

Hélion de la Châtre, seigneur de Breuillebaut, rendit aveu en 1539 à Philbert de Beaujeu des seigneuries de Breuillebaut et de Fontancier. Ce fut cette même année que ces deux seigneurs comparurent aux Etats de Berri assemblés à Bourges devant Lizet, premier président (1), et (Pierre) Mathé, conseiller, commissaires députés par le roi François premier pour réformer les coutumes de la province. Philbert de

» pu servir de fondement, mais qui exagère assurément la portée de » ce premier apostolat. » Gilles-le-Duc ne concilie-t-il pas ces deux manières de voir, en disant que Calvin venait bien en réalité prêcher, mais ne débitait pas encore ouvertement son hérésie et prêchait même dans l'église et dans la chaire ordinaire, comme les autres prédicateurs catholiques?

(1) Raynal, *Hist. du Berry*, tom. III, pag. 308, reproduit encore cette tradition en 1844. — V. même tome, pag. 337-380, et tom. IV, pag. 75, d'autres détails sur Calvin dans ses rapports avec le Berry.

(2) Pierre Lizet, premier président du Parlement de Paris, connu par son excessive sévérité contre les protestants, et créature du chancelier Duprat.

Beaujeu y fut élu le premier des dix gentilshommes qui devoient assister au nom de tous ceux de la province à la rédaction des coutumes. C'étoit aussi celui de tous les seigneurs qui y avoit le plus d'intérêt, car il y fit approuver les coutumes locales de ses terres de Linières (1), Rézé et Thevé. Il y protesta pour ses terres et seigneuries de Saint-Brisson, Autry-le-Châtel, Pierre-fite-ès-Bois, Blanche-Braque, Grosbois, la Haie-blanche et Ville-morte, qui sont dans le ressort de Concressaut et qu'il prétendoit devoir être régies au moins pour la plus grande partie sous la coutume de Lorris, soutenant qu'il avoit été appelé à Montargis lorsque la coutume de Lorris y avoit été rédigée. Plusieurs autres seigneurs se joignirent à lui et furent renvoyés au Parlement pour se pourvoir, comme on lit dans le procès-verbal de la rédaction de la coutume de Berri (2).

Le premier de juin de l'an 1540, Jean Dumas lui rendit aveu et dénombrement des fiefs de Lisle, Hauterive, le Coudray et Felletin. Enfin le 10 février de la même année, Philbert de Beaujeu fit encore un codicille

(1) Philbert de Beaujeu fit dresser par écrit les Coutumes locales de sa terre de Linières en 1539. Ces Coutumes, qui occupent près de cinq pages in-4° des *Coutumes locales du Berry*, de La Thaumassière (pag. 200 à 204 inclus), se subdivisent en vingt titres ou articles et sont fort curieuses à parcourir. Les Coutumes relatives au servage (ventes, successions, etc.), aux juges, juridictions, droits de justice, amendes, aux fiefs, au rachat, au retrait lignager, aux sociétés, à la communauté entre époux (faculté de renoncer de la veuve), enfin les Coutumes dites Prédiales y sont résumées méthodiquement, avec cette mention finale de La Thaumassière : « Ces coutumes ont pour » fondement l'usage local immémorial, confirmé par les terriers de » la baronnie de Linières, l'un reçu Simonet et Marchand, notaires » royaux, l'an 1553, l'autre par Pelletier, aussi notaire royal, l'an » 1633, et le troisième par le même, en 1635. »

(2) V. notamm. l'édition de Mauduy, Paris, 1624, pag. 655 et suiv.

par lequel il ordonna de nouveau sa sépulture en son oratoire de l'église de Notre-Dame de Linières, au lieu duquel (oratoire) il veut être bâtie une chapelle telle que le marché en est fait, sans y rien omettre. Il fonde et dote quatre demi-chanoines qui seront tenus assister au divin service et deux enfans de chœur. Les quatre semi-prébendés devoient avoir chacun quarante livres et les deux enfants de chœur chacun vingt livres, à la charge de célébrer tous les matins après matines une messe à notes (1) dans la dite chapelle, suivant son testament ci-devant du 14 février (2) 1528, auquel il ne déroge point quant à ce, et il hypothèque à ce que dessus, tant à construire la chapelle qu'à doter les bénéficiers, sa terre et seigneurie de Marigny en Champagne. Il confirme la donation des terres qu'il a données à sa femme par son testament et les autres donations, sans révoquer l'usufruit de la terre de Linières qu'il lui avoit donné, et la nomme exécutrice de son testament et de son codicille, ce dont elle ne s'acquitta qu'en 1549. Comme nous le verrons ci-après, Philbert de Beaujeu mourut probablement de la maladie dans laquelle il fit son codicille en 1540. N'ayant laissé aucun enfant, la terre de Linières sortit de la maison de Beaujeu où elle avoit eu quatre mains en celles d'Edouard, François, Jacques et Philbert. Elle passa alors en la maison d'Amboise, où elle ne resta que peu de tems, pour passer en celle de Larochefoucault.

Philbert de Beaujeu étoit né sous Louis XII. Il prit possession de sa terre presqu'en même tems que

(1) Messe chantée.

(2) Si l'on en croit la page 98 *in fine*, ce premier testament était du 14 janvier, et non du 14 février 1528.

François premier la prit de sa couronne. Il mourut sous son règne. Jacques Leroy étoit archevêque de Bourges, la reine de Navarre duchesse de Berri, Jean de Segry doyen du Chapitre, Philippe Corbin bailli de Linières et François Amourette (depuis bailli) son lieutenant, Parnajon procureur fiscal et notaire, Jean Alanie et Jean de la Grange prêtres et notaires.

Bertrand Ralé, procureur fabricien en 1539, poursuivoit Pierre Maréchal, précédent procureur fabricien, afin d'avoir les papiers de la fabrique, et celui-ci poursuivoit un Jean Paviot, qui les avoit, par acte du 27 septembre 1539. Il fut ordonné que les paroissiens auroient trois clefs du coffre où sont les titres, une entre les mains du doyen curé, l'autre entre les mains du juge, et l'autre entre les mains des fabriciens.

Dans ce tems là madame la princesse Louise de Bourbon de la Roche-sur-Yon étoit dame du Châtelet, Jean de la Châtre l'aîné, qui avoit épousé Marguerite d'Orlief (?), et Jean de la Châtre, étoient seigneurs du Plaix et de Prévert (1), Jean de Betoulat seigneur de la Perrière, Artaud de Sarron seigneur du Plessis, Robert et Jean Dumas seigneurs de Lisle et de Haute-Rive.

Dans ce même temps vivoit à Linières Pierre Lucas, écuyer, seigneur de Lusson (2) et de Versigny, qui avoit épousé une Jeanne de Beaujeu, que quelques *Mémoires* disent être la sœur de Philbert, mais que je croirois seulement sa parente. Elle avoit épousé aupa-

(1) Prévert, région de Linières, dans la direction de Touchay.

(2) Rappelons en passant, puisqu'aussi bien nous sommes en matière historique, qu'au château de Lusson, près des Aix, naquit, au siècle suivant, Nicolas Catherinot, l'un des historiens du Berry.

ravant David de Beaune, écuyer, sieur de Lussac (1), dont elle eut Marie de Beaune, mariée à Jean de la Châtre, dont nous avons parlé ci-dessus. Le sieur de Lusson se disoit maître d'hôtel de monsieur et de madame de Linières, et gentilhomme de la fauconnerie du Roi. Il est inhumé dans le chœur de l'église sous le banc des chapiers. Il avoit fait, avec sa femme, plusieurs fondations au Chapitre. Il mourut le 27 mai 1532. Son épitaphe est en lettres gothiques au premier pilier du chœur, à main gauche, en entrant (2). Vers ce même tems, c'est-à-dire en 1528, Jeanne de Fontenay de Rifardeau vendit à messire Adrien de Genly(?) la terre et seigneurie de Haute-Rive pour trois mille cinq cents quatre vingt dix livres, en outre une rente de trente huit francs.

CATHERINE D'AMBOISE.

Catherine d'Amboise, après avoir été quarante ans avec son second mari (3), qui avoit porté la considération pour elle jusqu'à lui donner son bien au préjudice de ses héritiers et jusqu'à en faire son exécutrice testamentaire, se remaria à l'âge de 65 ans avec un prince de la maison de Nevers appelé Louis de Clèves, comte d'Auxerre. Il ne l'eut pas plutôt épousée qu'il

(1) Localité non classée au nombre des communes, et située vers la frontière méridionale du Berry.

(2) L'église de Linières a été entièrement restaurée et agrandie depuis cette époque, et il peut se faire que cette épitaphe, comme plusieurs autres, ait disparu ou soit devenue illisible.

(3) On se souvient que le premier avait été Christophe de Tournon, qui l'avait laissée veuve à vingt ans (pag. 98).

lui fit faire de force une donation de toutes ses terres et seigneuries, prit et dissipa ses meubles, principalement sa vaisselle d'argent dont elle avoit jusqu'à quatorze douzaines. Ce prince l'emporta en allant à Paris, sous prétexte de la changer. Il méprisait ouvertement sa femme, continuant ses débauches avec des femmes de mauvaise vie qu'il avoit à Paris, et dont il emmenoit quelques unes en province, les faisant mettre à table auprès de lui devant sa femme, qu'il maltraitoit de paroles et d'actions, devant ses gentilshommes, ses damoiselles et ses pages. Il chassa tous ses officiers d'auprès d'elle, et, l'ayant seule abandonnée, il défendit à ses fermiers de lui rien donner sous peine de payer deux fois, et la réduisit à une si grande pauvreté qu'elle fut obligée d'acheter un tonneau de vin d'un habitant de Linières à crédit. Comme un jour un de ses officiers lui demanda si elle vouloit entendre le compte de la dépense de sa maison comme elle avoit accoutumé, elle se mit à pleurer et lui répondit : « Hélas ! qu'irois-je faire, puisque je » n'ai pas un double pour payer? » Il y a dans le chartrier du château de Linières une enquête faite après la mort de Catherine d'Amboise à la requête de ses héritiers contre les seigneurs ducs de Nevers, qui contient ces circonstances et d'autres du mauvais traitement qu'il faisoit à sa femme. Cependant elle en fut assez tôt délivrée, car il mourut en 1556 ou 57 d'un accident que voici : S'étant couché sur un long banc qui rompit sous lui parce qu'il étoit gros et pesant, il se cassa le filet des reins, et mourut, laissant Catherine d'Amboise veuve pour la troisième fois, mais elle ne songea plus qu'à exécuter la dernière volonté de son second mari Philbert de Beaujeu.

Elle avoit donné précédemment deux mille livres pour la fondation des semi-prébendés et enfans de chœur, mais soit que la rente qui en provenoit eût été mal hypothéquée ou autrement, on ne voit plus rien qui en provienne. Pour les autres deux mille, Catherine d'Amboise les constitua en six vingt livres de rente assignée sur sa part et portion des dixmes et terrages de Bois-Trévi, sur le terrage de Beaupuy et sur la métairie de La Soue (1). Cette rente se paie encore régulièrement. Cette fondation fut reçue par devant l'official de Bourges le 9 janvier 1548. Les semi-prébendés et les enfans de chœur étoient à la présentation de la dite dame et à l'examen du Chapitre. Les semi-prébendés ne devoient recevoir que la moitié de la portion d'un chanoine, en prenant sur toutes les messes quarante livres tous les ans pour les deux enfans de chœur, qui seront confiés à un chanoine ou autre élu par le Chapitre qui devoit leur enseigner la musique et la grammaire, les vêtir et les nourrir comme font les maîtres de musique des autres collégiales, et les semi-prébendés avoient droit d'élire un d'entre eux pour assister à tous les actes du Chapitre, et à la reddition des comptes.

Cet acte ne subsista qu'environ 24 ans, sans doute à cause de la modicité de la somme portée par l'acte de fondation. Les premiers semi-prébendés furent Guillaume Guichard, Jean Robin, Antoine Alajoie et Jacques Mornes. Le nombre fut réduit peu de tems après à deux et ceux-ci étant devenus chanoines, on n'en a plus présenté depuis, et les chanoines faisoient les charges à quoi les semi-prébendés étoient obligés. Cette fondation fut réduite depuis à deux messes par

(1) V. pag. 43, note 3.

semaine par Mgr Roland Hébert, archevêque de Bourges, en 1632 (1).

Catherine d'Amboise, ayant exécuté le testament de son mari pour ce qui étoit de la fondation dont nous venons de parler, et de la construction de la chapelle de Saint-Sauveur, mourut le premier jour de janvier 1549. Ces deux ouvrages ne subsistèrent guères après elle, car après que la fondation eut disparu, la chapelle qu'elle avoit fait bâtir à grands frais fut détruite dix huit ou vingt ans après par les protestans, comme nous le verrons par la suite (2).

ANTOINETTE D'AMBOISE.

Antoinette d'Amboise avoit épousé en premières noces Antoine de la Rochefoucault, chevalier, seigneur de Barbezieux, Gouverneur de Paris et de l'Isle de France. Après son décès, elle épousa Louis de Luxembourg, comte de Roussy, baron d'Ivry, etc. Elle ne fut

(1) Avant que Gilles-le-Duc n'en termine avec Catherine d'Amboise, notons qu'on trouve aux Archives du Cher (série E, titres de famille, terre de Linières), un acte de foi et hommage des dîmes de Rauchoux, paroisse de Saint-Christophe, par Jean Demenois, curé de Thevé (qui les partage avec le seigneur de l'Isle), le dit acte de foi et hommage rendu à cette *dame de Linières*.

(2) M. l'abbé J.-J. Bourassé, chanoine de Tours, connu principalement par son *Archéologie chrétienne* ou *Histoire des Monuments religieux du Moyen-Age*, a publié pour la première fois en 1861 (édit. in-8°, Mame, Tours), les *Dévotes Epistres*, sortes d'invocations en vers adressées au Christ et à la Vierge, par Catherine d'Amboise. Cette publication, faite sous les auspices de la *Société des Bibliophiles de la Touraine*, sur papier de Hollande, n'a été tirée qu'à un petit nombre d'exemplaires.

dame de Linières qu'après la mort de sa sœur (1), quoiqu'elle en fût propriétaire dès le décès de Philbert de Beaujeu, et c'est en cette qualité qu'elle avoit rendu aveu et dénombrement au Roi le 30 juillet 1546.

De son tems les doyens et chanoines du Chapitre s'opposèrent à l'enlèvement des meubles de la succession de Catherine d'Amboise jusqu'à ce qu'ils fussent satisfaits de ce qu'elle pouvoit devoir à leur Chapitre, et jusqu'à ce que les fonds destinés pour le testament de messire Philbert de Beaujeu fussent sûrement assignés. Ils obtinrent commission à ce sujet à Issoudun, laquelle fut signifiée à Jean de La Châtre, écuyer, seigneur du Plaix et à Gabriel de Lianges, seigneur de Creusat, commissaires et gardiens des meubles de la succession de la dite dame.

Antoinette d'Amboise ne jouit pas longtemps de la donation que Philbert de Beaujeu, son beau-frère, lui avoit faite de sa terre de Linières, car elle mourut le 2 juillet 1552. Cette terre passa à son fils Charles de la Rochefoucault. Comme ces deux dames ne possédèrent la terre de Linières qu'environ douze ans, il y eut peu de changements considérables. Le concile de Trente se célébroit pour lors vers la fin du règne de

(1) La Thaumassière (liv. VIII, chap. XLVII, pag. 670) paraît faire d'Antoinette d'Amboise la nièce, et non la sœur, de Catherine d'Amboise. Le même historien parle d'un premier mariage d'Antoinette d'Amboise avec Jean d'Amboise, sieur de Bussy, son cousin, de sorte qu'Antoinette d'Amboise aurait été mariée trois fois, et non deux fois seulement. On pourrait noter encore d'autres divergences entre nos auteurs, relativement à toutes ces questions d'état-civil et de généalogie. Nous n'avons relevé et ne relèverons que les plus saillantes, pour ne pas surcharger à l'excès et noyer sous nos notes l'œuvre de Gilles-le-Duc. Le lecteur pourra compléter par lui-même ces comparaisons, selon qu'il aura intérêt à vérifier plus particulièrement tel ou tel point.

François premier et le commencement de celui de Henri II. François Régnier étoit lieutenant général à Issoudun, Nicolas des Toureaux garde du scel à Linières, Philippe Corbin étoit encore bailli et François Amourette, ci-devant lieutenant et juge des causes des serfs de condition de la baronie de Linières, lui succèda à la charge de bailli en 1549. Ce fut ce bon vieillard à qui monsieur de Clèves donna un jour un soufflet parce qu'en lui parlant, il n'ôtoit que son chapeau sans ôter un petit bonnet de velours qu'il portoit parce qu'il étoit chauve. Il y avoit encore en ce tems là deux vicaires de la vicairie du Château nommés François Joubert et Renaut de Villaines, et frère René Moreau, religieux de l'abbaïe d'Issoudun, étoit prieur de Saint-Blaise.

LIVRE TROISIÈME

CHARLES DE LA ROCHEFOUCAULT.

Après le décès d'Antoinette d'Amboise, comtesse de Roussy, les terres de Linières, Rezé et Thevé échurent à messire Charles de la Rochefoucault, seigneur de Barbezieux, Meillant, Preuilly, etc., et capitaine de cinquante hommes d'armes des ordonnances de Sa Majesté, lieutenant-général au gouvernement de Champagne, grand sénéchal de Guyenne, fils d'Antoine de la Rochefoucault, gouverneur de Paris et de l'Isle de France, et d'Antoinette d'Amboise. Charles avoit épousé en 1545 demoiselle Françoise Chabot, fille de messire Philippe Chabot, grand amiral de France, et de dame Françoise de Longuy. Il disoit n'être point héritier de dame Antoinette, sa mère, ni de Catherine, sa tante, ce qui faisoit croire que Philbert de Beaujeu, en donnant l'usufruit de sa terre à sa femme et la propriété à Antoinette, sœur de sa femme, auroit substitué sa terre aux enfans du premier mariage de celle-ci avec le seigneur de Barbezieux. Ce qui le confirme est que Charles, leur fils, avoit déjà rendu foi et hommage de la terre de Linières dès le vivant de sa mère et même de sa tante pendant qu'elle en jouissoit en 1545. Sa mère auroit pu aussi la lui donner lorsqu'il se maria avec Françoise Chabot. Il fit faire un terrier de tous ses droits, commencé le 22 novembre 1553 par Pierre Marchand et Jean Simonet, notaires royaux (1), en vertu des lettres patentes obtenues du roi Henri II, et qui fut achevé en 1555.

Charles de la Rochefoucault fit accord avec le chapitre de Linières pour lors composé de Gilles de Bonfort, doyen, de Jean Chevriot, de Jean de Segry, de Jean Gaignard, de François de Prie, de Michel Bader, chanoines, de Guillaume Viollat et de Jean Morisseau, semi-prébendés, auxquels il s'obligea de payer 412 livres dix sols d'arrérages de rente due sur la terre de Thevé, du tems des susdites dames d'Amboise, sauf son recours contre leurs héritiers.

Ce Seigneur étoit presque toujours absent, soit qu'il fût à la cour, ou au service du Roi dans ses armées. Cependant il ne laissoit pas d'avoir soin de sa terre. Il se fit rendre aveu et dénombrement par ses vasseaux. Ce fut Charles de la Rochefoucault qui accorda gratuitement à Claude de Châteauneuf le droit de justice haute et basse de Haute-Rive avec le droit de châtellenie mouvant en féodalité de Linières, et relevant par appel dudit Linières, à la réserve par ledit seigneur de Linières du cours de l'eau de l'étang de Pont-Chauvet pour la suite de son poisson.

Dans le tems que ce Seigneur vivoit, les guerres civiles étoient allumées dans toute la France. Les protestans y faisoient d'horribles ravages et Linières n'en fut point exempt. Car, dès 1561, la ville fut prise et pillée et les églises brûlées, dans le tems que ce Seigneur, étant occupé au service du Roi, ne pouvoit pas la défendre des ennemis. Charles de la Rochefoucault étoit alors au siège de Chartres (2) qu'il fit lever.

(1) V. note 1, *in fine*, pag. 101.

(2) Ce siége n'était d'ailleurs qu'un épisode de ces mêmes guerres civiles, dites guerres de religion, et se place sous la régence de Catherine de Médicis, au début du règne de Charles IX.

Il avoit avec lui un officier appelé Antoine de Linières, qui pouvoit être un rejeton de la branche cadette des de Linières.

Le jour de la Sainte-Catherine de l'an 1569, un lundi matin, sur les huit heures, les capitaines Belon et Briquemaut s'emparèrent de la ville de Linières et du château, par l'intelligence de quelques habitans huguenots. Il leur fut bien facile de s'en rendre maîtres, car on ne faisoit de garde ni dans la ville ni dans le château. On ne fit aucune résistance, si non qu'un religieux nommé Fleury, qui demeuroit dans la maison qui est vis-à-vis le château, voulut se jeter dedans, lever les ponts et fermer la porte, mais il fut tué d'un coup de pistolet et les soldats entrèrent tuant et massacrant tout ce qu'ils rencontrèrent, et y ayant mis garnison, ils pillèrent la ville et mirent le feu aux églises qui n'avoient pas été brûlées ou qui avoient été réparées depuis 1561. Ils abattirent alors la chapelle de Saint-Sauveur qui ne venoit que d'être bâtie par les soins de Catherine d'Amboise, suivant le testament de Philbert de Beaujeu son mari. Cette chapelle étoit une des plus belles de la province par ses vitres peintes, sa grandeur, sa structure et les statues qu'on y avoit placées. Elle subsista à peine dix ou douze ans dans son entier, et il est incertain si on y avoit célébré la messe.

Pendant tout le tems que les protestans furent maîtres de Linières (qui est depuis le jour de Sainte-Catherine jusqu'à Pâques suivante) (1), ils n'avoient d'autres occupations que d'aller tous les jours abattre les églises tant de la ville que des environs, après

(1) Raynal (*Hist. du Berry,* tom. IV, pag. 97) dit que le capitaine Belon occupait Linières avec cent vingt arquebusiers.

avoir pillé tout ce qu'il y avoit de saint et de sacré, détruit les tombeaux des seigneurs de Linières dans leur église et dans celle de Saint-Blaise, entre autres ceux de Philbert de Beaujeu (1) et de Catherine d'Amboise, sa femme. Ils prirent les cercueils de plomb, jetèrent les corps à la voirie, et les traitèrent si ignominieusement qu'on dit qu'ils jouèrent à la boule avec leurs têtes. Ils renversèrent les clochers et fondirent les cloches, brisèrent les images, abattirent les autels et vendirent ou brisèrent les orgues. C'est ce qui a été attesté par des témoins de ces ravages, ce dont on a dressé des procès-verbaux. On peut croire qu'ils n'épargnèrent pas les prêtres : cependant les *Mémoires* du tems ne parlent que d'un nommé Pierre Lejau, prêtre ou chanoine, qui fut tué et traîné dans la rivière. Il y a dans le cimetière de Saint-Blaise une tombe de pierre (2) sous laquelle on tient par tradition que fut enterré un prêtre tué par les huguenots : c'est peut-être celui-ci, ou ce religieux (nommé Fleury) dont nous avons parlé plus haut.

Pendant que ceci se passoit à Linières, M. de Barbezieux faisoit les fonctions de lieutenant général pour le Roi dans la Champagne et la Brie pour y contenir les peuples dans le devoir et empêcher le pas-

(1) C'est en donnant à son tour ces détails que Raynal (*Hist. du Berry*, tom. IV, pag. 94) cite en note l'*Hist. M. S. de Linières*, par M. Gaudon (v. pag. 15, note 2) et, comme les détails dont il s'agit sont précisément ceux de notre manuscrit, il suit de là que la prétendue histoire de M. Gaudon ne doit être autre que celle de Gilles-le-Duc, déposée à une certaine époque, chez le notaire Baudon (et non Gaudon). Après les Huguenots, la Révolution détruisit à son heure, en tout ou partie, les tombeaux de plus récents seigneurs de Linières, si l'on en croit le manuscrit de M. de Barral (pag. 44.)

(2) Il ne paraît pas que cette tombe soit encore reconnaissable aujourd'hui.

sage des troupes étrangères en France; ne pouvant quitter son poste, il envoya sommer les protestans qui étoient dans le château de déloger, mais, au lieu de le faire, ils recommencèrent leurs hostilités avec plus de fureur que jamais. M. de Barbezieux fut obligé d'y venir lui même avec un corps de troupes et de mettre le siège devant son château. Les protestans se défendirent si longtemps qu'ils furent réduits à manger les chevaux et les chats. Ils ne se rendirent qu'à composition et en sortirent le jour de Pâques 1570. Ces particularités ont été rapportées depuis par des témoins oculaires et par un nommé Perrolet, huguenot de Linières, qui étoit en garnison dans le château.

Toutes ces hostilités ruinèrent tellement le pays que presque tous les habitans de la ville et des villages se retirèrent les uns à Issoudun, les autres à la Châtre, partout où ils crurent être plus en sûreté, si bien que huit ans après il n'y avoit que 80 habitans (1) à Linières, et tous ces désordres n'incommodèrent pas moins le Seigneur que les habitans. Il y avoit encore des troubles en Berri vers 1577, car M. de Barbezieux résolut de faire fermer sa ville de Linières de murailles pour joindre aux tours qui y étoient depuis longtemps (2). Il écrivit de Paris aux habitans de ses paroisses d'y contribuer de leurs travaux, leur disant que ce seroit un asile pour se retirer en tems de guerre eux et leurs bestiaux, et pour se mettre à couvert des insultes des gens de guerre.

Il rendit encore aveu à François, fils de France,

(1) On ne voit pas nettement si le manuscrit porte 80 ou 180. Il semble que ce soit 80 seulement.

(2) V. note 2, pag. 58.

duc de Berri et frère unique du Roi (1), le dix avril 1577. Il avoit trois filles, l'aînée appelée Antoinette de la Rochefoucault qui fut mariée à Antoine de Brichanteau, seigneur de Beauvais-Nangis; Charlotte, qui fut mariée en 1578 à Claude de l'Epinay, comte d'Ortal (2). La dernière (Françoise?) épousa neuf à dix ans après le baron de Neuvy, seigneur de Bannegon, qui fut tué huit mois après, le 3 août 1589, au siège de l'abbaïe de la Prée, assiégée par le sieur de Gamaches (3) qui y fut blessé lui même d'un coup de lance. La femme de ce baron de Neuvy, seigneur de Bannegon, ne vécut pas longtemps après lui, et, en mourant, elle se donna par testament à sa sœur Antoinette, la dame de Brichanteau.

M. et Mme d'Ortal ont vécu assez longtemps et ont même demeuré à Linières après le décès de Barbezieux, et pendant leur demeure M. d'Ortal prit soin de faire réparer toutes les couvertures du château et de refaire celle de l'église. Le marché en fut fait avec un nommé Gerbaut pour la somme de 200 livres. Pendant que le mari (M. d'Ortal) travailloit à réparer l'église, la dame son épouse travailloit à l'orner. Ce fut elle qui donna l'ornement verd composé des chasuble, dalmatique et tunique, et de trois chapes encore toutes entières. Ses armes et celles de son mari y

(1) On peut consulter sur ce prince le chap. XXXVII, liv. I, pag. 43, de l'*Hist. de Berry*, de La Thaumassière.

(2) La Thaumassière (liv. VIII, chap. XLVII, pag. 676) écrit *de Durestal* et dit que ce serait Françoise, et non Charlotte de La Rochefoucault, qui aurait épousé ce comte de Durestal. Charlotte aurait été mariée, d'après cet historien, à François des Barres, seigneur de Neuvy-le-Barrois.

(3) Cette abbaye de la Prée dut être fondée en 1128, sur les bords de l'Arnon, par un disciple de saint Bernard. (RAYNAL, *Hist. du Berry*, tom. II, pag. 124.)

sont en broderie. Il portoit *en argent un lion rampant cousu de gueule et de sinople, couronné, armé et lampassé d'or*. Je crois que ce fut aussi cette dame qui réduisit les quatre enfans de chœur à deux. On en voit la réduction dans le chartrier du château en 1589. La terre de Linières ne leur appartenoit pas néanmoins, car M. de Barbezieux l'avoit donnée en mariage à sa fille aînée Antoinette.

Charles de la Rochefoucault et Françoise Chabot, son épouse, demeurant pour lors à Meillant, vendirent en 1581 la terre et justice de la Celle (y compris les étangs de Pont-Chauvet et de la Chelouse bornés par le grand chemin de Bourges d'un côté et par celui d'Issoudun de l'autre), à Guillaume de l'Aubespine, seigneur baron de Châteauneuf-sur-Cher, Haute-Rive, Beauvoir-sur-Arnon, Rousson, Montgrangier, qui fut chancelier de l'ordre du Saint-Esprit, pour le prix de quatre mille écus d'or au soleil. Ces objets furent bientôt réunis à la baronie de Linières, comme ils l'avoient toujours été. Enfin Charles de la Rochefoucault mourut le 15 de juin 1583 après avoir été seigneur de Linières depuis 1552 jusqu'à 1583, sous les règnes de Henri II, François II, Charles IX et Henri III. En 1561 fut imprimé un livre de la Vénerie, le plus estimé de ceux qui avoient paru jusqu'alors, composé par Jacques du Fouilloux (1), que le sieur Catherinot dit avoir été de Linières.

(1) Je rencontre la même assertion, relativement au lieu de naissance de Jacques du Fouilloux, dans un article non signé du *Calendrier républicain du département du Cher*, de l'an VI, pag. 41 (Bourges, imp. Manceron), etc. On peut remarquer, à l'appui de cette opinion, qu'il existe à quelques kilomètres en aval de Linières, sur les bords de l'Arnon, un lieu appelé le Fouilloux ou le Feuilloux, et qui doit être le même que celui où Raynal (*Hist. du*

En 1562, le 19 décembre, fut donnée la bataille de Dreux (1), où M. de Brichanteau-Beauvais-Nangis, père de celui qui a été seigneur de Linières, fut fait prisonnier. Cette même année Bourges fut assiégé par le Roi en personne. Les protestans exerçoient pour lors toutes sortes d'hostilités dans le Berri. Comme, pendant tous ces troubles, on ne labouroit point, ou ce que l'on pouvoit faire étoit pillé, que l'on n'avoit point de bestiaux, ni pour labourer ni pour engraisser les terres, il y eut une si grande famine en 1573 que le 2 juillet le froment valoit à Linières un écu le boisseau et le seigle 57 sols. Il y mourut sous les halles ou en d'autres endroits plus de cent personnes. Cependant, après la moisson, le bled revint à son prix ordinaire, c'est-à-dire le froment à onze sols et le seigle à huit.

En 1575, comme on ne faisoit point de garde à Linières, un espèce de camp-volant (2) du sieur La-

Berry, tom. II, pag. 265) place une ancienne commanderie de Templiers. On trouve aussi, pag. 67 du présent manuscrit, une Jeanne de Fouilloux, femme d'un Jean de Linières, etc. Malgré ces rapprochements, nous devons reconnaître que la plupart des dictionnaires biographiques font naître en Poitou l'auteur du *Traité de la Vénerie*, dédié au roi Charles IX En revanche, il paraît certain que François Jacquemet (note 1, pag. 17) était réellement originaire de Linières, d'après l'annuaire prérappelé de l'an VI et d'autres documents. Enfin le conventionnel Pelletier (Jacques) est né à Linières vers 1750. (Consult. sur ce personnage politique les *Etudes sur le Cher pendant la Révolution*, par M. Th. Lemas, pag. 143 à 147, édit. Fischbacher, Paris, 1887.)

(1) Bataille restée célèbre dans l'histoire de ces guerres civiles. La victoire resta aux catholiques et le prince de Condé fut fait également prisonnier.

(2) On sait que c'était là le nom donné aux petites troupes qui tenaient la campagne pour faire des courses sur l'ennemi.

vardin (?) (1) entra dans la ville, s'y logea, et incommoda tellement les habitans qu'un seul avoit jusqu'à cinquante hommes à loger. Le château de Mont-Rond, près Saint-Amand, fut pris le 28 février 1576 par le capitaine Cartier; il ne fit pas alors une aussi longue résistance qu'il en a fait de nos jours (2); aussi n'étoit-il pas aussi bien fortifié.

Ce fut dans ce même tems que le pape permit d'aliéner des biens ecclésiastiques pour subvenir aux guerres contre les huguenots ; il envoya à cet effet deux légats en France. Le clergé de Berri fut taxé à 1311 écus de rente ; le chapitre de Linières supporta pour sa part 156 livres, pour le paiement desquelles il fut obligé de vendre le pré appelé de l'Etang, le pré Lage et un autre pré à Bois-Trevi, qui ne sont pas encore retirés (3).

La chapelle du Rosaire, qui est joignant la grande chapelle de Saint-François de Paule (ci-devant Saint-Sauveur) fut bâtie en l'honneur de Sainte-Barbe, du vivant de M. de Barbezieux, par Françoise Jourdain qui avoit épousé Pierre de Cerfs, gentilhomme de la Vénerie du Roi qui mourut en 1574. C'est de là que MM. de Cerfs s'attribuent cette chapelle. Je n'ai pu trouver précisément le temps où elle fut bâtie : je présume qu'elle ne le fut qu'après les ravages des huguenots en 1569.

(1) Ne devrait-on pas lire plutôt : *du sieur de Laverdin* (commune de Loir-et-Cher) ou *du sieur de Laverdines* (actuellement commune du canton de Baugy) ?

(2) Les mots : *de nos jours* sont une allusion au siége subi par ce château durant les guerres de la Fronde (1652), au temps de la jeunesse de notre mémorialiste Gilles-le-Duc.

(3) Rachetés.

Pour la chapelle de Saint-Nicolas, elle étoit bâtie plus de cent ans auparavant, comme il paroit par un compte du Chapitre. La confrérie du Rosaire fut établie en 1632 dans la chapelle de Sainte-Barbe, et M. Edme de Cerfs protesta pour lors que ce seroit sans préjudicier aux droits qu'il prétendoit y avoir.

En 1581, la peste étoit à Bourges; il y mourut plus de 8,000 personnes, et les trois fléaux (1) se succédèrent dans cette province.

En 1582, M. de la Châtre, gouverneur de Berri, défit au village des Cossons, paroisse de Saint-Hilaire, la compagnie du capitaine Bois-Florin, nommé Charles Babillon (*sic*): il resta vingt-cinq hommes sur la place, et il y eut autant de blessés.

Les doyens qui ont possédé cette dignité pendant la vie de M. de Barbezieux ont été Gilles de Bonfort (qui l'a possédée depuis 1554 jusqu'en 1564) et François de Prie (depuis 1564 jusqu'en 1580) : ce dernier la céda ensuite à Tryphon Macard, qui en prit possession en 1580. Vers ce tems-là, M. le maréchal de la Châtre étoit gouverneur de Berri; Jean Régnier et, après lui, Antoine Dorsanne, furent lieutenants-généraux d'Issoudun. Après François Amourette, je ne sçais qui fut bailli de Linières jusqu'à François Lorrain, qui mourut en 1583; un Jean des Forges, avocat à Issoudun, fut fait bailli après lui.

Jacques Champeignol étoit procureur fiscal, Jean de la Châtre, le jeune, étoit seigneur du Plaix et de Prévert, auquel succédèrent ses fils Claude, sieur de

(1) Famine, guerre et peste. (Allusion aux détails des pages précédentes.) — Raynal (*Hist. du Berry*, tom. IV, pag. 159) indique qu'une évaluation contemporaine porte à 9 ou 10,000 le nombre des personnes qui, dans la ville de Bourges seulement, moururent *ou furent atteintes* de la contagion.

Prévert, et René, seigneur du Plaix, qui épousa Marguerite Porte en 1580. En 1577, René de Betoulat étoit seigneur de la Perrière, et Jean des Barres seigneur du Plessis. Celui-ci n'eut qu'une fille appelée Françoise, mariée en premières noces à Mathurin Dumereil, sieur de Beauchêne, et encore en secondes noces à François de Biottière, sieur de Marçay (2).

(1) La Thaumassière (*Hist. du Berry*, liv. XII, chap. XVIII, pag. 1040, supplément au Nobiliaire de Berry) donne de cette famille de Biottière une généalogie de laquelle il résulte que ce François de Biottière était seigneur de Chevronne et que son mariage avec Françoise des Barres eut lieu le 11 septembre 1590. Nous retrouverons un de Biottière (commandant un détachement de cavalerie) aux pages des *Mémoires* consacrées à Charles-Eléonor Colbert de Seignelay.

ANTOINE DE BRICHANTEAU-BEAUVAIS-NANGIS

Antoine de Brichanteau-Beauvais-Nangis épousa Mademoiselle Antoinette de la Rochefoucault, fille du seigneur de Barbezieux, en 1578. Le père de cette demoiselle lui donna la terre de Linières en mariage, ainsi qu'on le voit par son contrat passé par devant Mathurin Sevant et Pierre Rossignol, notaires au Châtelet de Paris. On peut voir dans le *Dictionnaire de Moreri* ce que l'auteur dit de la maison de Brichanteau, originaire de la Beauce, près Monthléry (1).

Un des premiers soins de M. de Brichanteau, après qu'il fut seigneur de Linières, fut de faire réparer les églises qui avoient été détruites, pour quoi il fit arrêter entre ses mains les rentes que la seigneurie devoit au prieur de St-Blaise, et il le fit condamner par Adam, évêque de Mende (2), faisant la visite en cette ville pour l'archevêque de Bourges, le 22 avril 1595, à faire les réparations de son église, et à y employer six vingt écus sur son revenu de trois années, outre les arrérages des bleds retenus par le seigneur de Linières, enfin à y faire dire des messes et donner les aumônes accoutumées.

(1) Il faut sans doute lire : originaire de la Beauce *et d'une localité voisine de Monthléry*. Le bourg de Monthléry ne se trouve pas en Beauce, mais il est situé à peu de distance des limites de l'Orléanais, qui comprenait l'ancienne Beauce. Moreri (Paris, édit. Coignard, 1725, in-4°) dit d'ailleurs simplement que cette famille était originaire d'une terre dite *Brichantel* ou *Brichanteau*, en Beauce, mais je n'ai point lu qu'il parlât de Monthléry.

(2) La compétence de l'évêque de Mende s'explique par cette circonstance qu'à cette époque cet évêque était un des suffragants du siége de Bourges. (RAYNAL, *Hist. du Berry*, tom. I, notions préliminaires, pag. XXXII.)

Antoine de Brichanteau-Beauvais-Nangis commença vers 1600 à demeurer plus ordinairement à Linières et à s'occuper du bien de ses terres, comme on le voit par une transaction qu'il fit avec Réné de la Châtre, écuyer, seigneur du Plaix, par laquelle il ne donna que trois familles serves au sieur du Plaix, au lieu de plusieurs autres qu'il avoit auparavant, et ses droits de pêche furent aussi réglés. M. de Brichanteau entreprit aussi vers ce tems de faire dresser le Terrier (1) de la seigneurie de Lignières, à laquelle fin il obtint des lettres patentes du roi Henri IV, datées du 7 sep-

(1) Voir sur ce Terrier, don de M. Porcheron, ancien notaire à Linières, aux Archives départementales du Cher, la partie finale de la note 2, pag. 15 des présents *Mémoires*. Les premiers feuillets de ce Terrier sont détruits, et les 358 qui subsistent n'ont pas été cotés par les notaires rédacteurs. Bien que Gilles-le-Duc parle aussi de Jérôme Duchesne, c'est Jean Paviot qui paraît avoir exclusivement ou presque exclusivement instrumenté, avec un membre de la famille Decerfs, si ancienne dans la région, et dont le nom se retrouve plus d'une fois dans ces *Mémoires*. On rencontre aussi dans ce Terrier les noms et signatures de presque tous les bourgeois appelés par Antoine de Brichanteau à délibérer sur l'institution d'un maître d'école (voir quelques pages plus loin) et spécialement des Pelletier, des Cauchais, des Duguet, des Martinat, des Jobert, des Champégnol, des Delachaume, et on y voit figurer nombre d'autres personnes dont il a été ou dont il sera encore question dans cette histoire, les Simonnet, les Guillot, les Lejau, les Aucouturier, les Soumard, les de Segry, etc. Plusieurs de ces noms sont encore couramment portés dans le pays. Ce Terrier de 1603 est sommairement analysé au tome second de l'*Inventaire des Archives du Cher*, pag. 124. Sa rédaction a eu pour objet principal de constater et de préciser les droits de suite sur certaines terres, les dîmes et terrages sur certaines autres, les usages des hameaux et lieux-dits, les états de bourgeoisie ou de servage total ou partiel de nombre de personnes ou de familles, ainsi que de confirmer telle ou telle franchise, de réserver tel ou tel privilège seigneurial, etc. D'autres terriers complémentaires furent encore dressés en 1633, en 1635, etc., et il en avait déjà été établi auparavant, par exemple en 1553 (v. pag. 101, note 1).

tembre 1601, qui furent mises à exécution par Jean Paviot et par Jérôme Duchesne, notaires à Issoudun.

Edme de Betoulat, seigneur de la Perrière à cause de Jeanne de la Chapelle, son épouse, et l'un des sept gentilshommes du roi, rendit foi et hommage à Antoine de Brichanteau et à dame Antoinette de la Rochefoucault, seigneur et dame de Linières, le 23 septembre 1602.

Pendant que ce seigneur s'occupoit des intérêts de sa terre, il ne négligeoit pas ceux de sa ville de Linières et de ses habitans, car aïant eu quelque connoissance de *Mémoires* qui parloient de deniers communs et d'octroi dans la ville de Linières (vers 1532), qui n'avoient point été levés depuis par négligence ou à cause des guerres civiles, il assista de son crédit ses habitans qui présentèrent requêtes au conseil pour renouvellement de ces deniers communs qui se lèvent sur le vin vendu en détail dans la ville, les fauxbourgs et l'étendue de la terre de Linières, pour être emploïés aux réparations des murailles, ponts et chaussées de la ville, et autres nécessités publiques. Il fallut de fortes sollicitations parce qu'on ne rapportoit aucunes lettres des rois précédens. On disoit néanmoins qu'elles avoient été perdues par le malheur des tems. On représentoit seulement un acte passé par devant le lieutenant de Linières, qui faisoit mention d'une lettre patente du roi Charles, contenant en détail tous les droits des habitans, et on rapportoit un compte-rendu dont la rente montoit à six vingt écus. L'affaire fut si bien sollicitée que le roi Henri IV octroïa des lettres patentes le 10 septembre 1605, par lesquelles il confirma les priviléges des habitans pour six années. Ils furent continués pour six autres années par le roi Louis XIII le 11 février 1612.

Le seigneur de Brichanteau s'occupa ensuite de l'instruction de la jeunesse. Comme il n'y avoit point de maître d'école dans la ville, ni de fonds pour l'entretenir, il ordonna à son procureur fiscal de poursuivre les habitans pour les obliger à trouver un fonds suffisant pour l'entretien d'un maître (1).

Il y avoit alors une aumône assez considérable fondée par les seigneurs de Linières et par les habitans, qui donnoient un certain nombre de mesures de bled et une certaine quantité de vin tous les ans, pour distribuer aux pauvres, le jour de l'Ascension. Mais le mauvais usage avoit rendu cette aumône presqu'inutile en la rendant trop générale, car tout le monde y recevoit deux liards, et un quart d'un pain de douze deniers, et un quarteron de vin (qui est environ un demi-septier) qu'on buvoit sur le champ, comme on fait encore à Saint-Blaise le jour de Saint-Firmin. Alors Me Mathurin Marchand, gouverneur, fit assembler les habitans par devant Me Jacques Pelletier, lieutenant, pour délibérer sur le changement de cette aumône en salaire d'un maître d'école. Voici les noms de ceux qui furent alors présens : Edme Decerfs; Christophe Martinat; Pierre Duguet; François Jacquemet; Jean Jobert; Cauchais Jean; Robin Jean; Baudon François; Meslé Martin; Thévenet; Jacques Laumônier; Jean Delachaulme; Vincent Robert; François Amourette; Jean Mabilleau; Réné Champègnol, qui donnèrent pouvoir à leur gouverneur de travailler à convertir l'aumône dont nous avons parlé en collége. M. de Brichan-

(1) Cette organisation scolaire fut sans doute encore bien limitée, bien restreinte, mais, pour une ville en définitive aussi peu importante que Linières, cette création et surtout le mode de procéder pour arriver à ce résultat, n'en sont pas moins à remarquer, eu égard à l'époque où se placent ces faits.

teau signa la requête, qui fut présentée à Mgr l'archevêque de Bourges, André Frémiot, qui octroïa cette requête. On fixa douze livres cinq sols au chapitre pour faire les services accoutumés pour les fondateurs de l'aumône appelée l'aumône de la Blée ou de la Blie (1).

Depuis longtemps, les seigneurs de Linières prétendoient que ses habitans étoient comme serfs, qu'ils devoient chacun vingt-quatre mesures d'avoine, et douze deniers par feu, quand ils étoient logés dans leur maison, et la moitié quand ils étoient par loyer. Les habitans, au contraire, soutenoient qu'ils n'étoient point sujets à ces prétendues redevances, qu'ils avoient été affranchis (2) par Guillaume, seigneur de Linières, et par Jeanne, sa femme, dès l'an 1268, qui leur avoient cédé les droits de chasse, pêche et usage aux bois de Linières et Prévières et celui de pacage dans l'isle du château. Le seigneur répondoit à cela qu'il ne leur disputoit pas leurs autres droits, excepté les redevances. Il y eut pour cela procès aux requêtes du palais, commencé par M. de Barbezieux. Le seigneur et les habitans firent néanmoins une transaction par laquelle le seigneur remettoit aux habitans les redevances en avoine et autres, à condition que les propriétaires de maisons payeroient tous les ans douze sols et les autres six, le seigneur confirmant le privilége des habitans pour la chasse et la pêche, outre la rivière d'Arnon, vers Touchay et Châteauneuf (les garennes et chasses à conils (3) réservées, et les bêtes fauves et noires), confirmant aussi leurs droits de pêche tant dans les rivières vieilles et autres qu'en écluses, les dites rivières depuis la planche de la Re-

(1) V. pag. 77.
(2) V. pag. 53.
(3) Terme ancien, synonyme de lapins.

cille jusqu'à la planche Sourdant qui est au-dessous du Moutet (les dites chasses et pêches réglées selon les ordonnances du roi). Le seigneur confirmoit de plus les dits habitans dans leurs droits de pacage et d'usage de l'Aujonnière (1) qui sont depuis la queue de Villiers, appelée la Corne de St-Thibaut, suivant le ruisseau de la dite Corne jusqu'à l'abreuvoir aux Biches, retournant vers la chapelle St-Thibaut jusqu'à l'étang de la Chelouse et jusqu'au bois du sieur du Plessis. Le seigneur confirma encore les priviléges d'iceux habitans de pouvoir aquérir héritages et biens de leurs hommes et femmes serfs de la dite terre et baronnie de Linières, le tout sans préjudicier par les dits seigneurs et dames aux autres droits et devoirs de rente que les dits habitans ou aucuns d'eux leur peuvent devoir, et aussi sans que la présente composition (2) puisse s'étendre aux habitans du bourg de St-Hilaire, et du village du Puyvieil, etc. Cette transaction fut passée au château de Linières le 11 mars 1610.

Au mois de juillet de la même année, M. de Brichanteau donna pouvoir à son chapitre d'avoir un sergent reçu en justice pour les affaires seulement du chapitre; Madame de Meaux continua ce privilège en 1643. M. de Brichanteau contribua sans doute de son crédit à l'union de la ville avec les faux-bourgs, qui eut lieu dans son tems, union qui étoit très nécessaire pour lors, et qui le devint encore davantage dans la suite; les lettres patentes en sont du dernier jour de juin de l'an 1611.

(1) Aujon pour ajonc ou jonc fluvial (*Glossaire du Centre*, du comte Jaubert). A Asnières-lès-Bourges existent également des espèces de mares qu'on appelle ou qu'on appelait autrefois *la grande* et *la petite Aujonnière*. (*Annuaire Santique*, Bourges, 1863, pag. 2.)

(2) Pour transaction, du latin *componere*.

Ce fut vers ce tems-là (sans que l'on sache précisément ni le mois ni l'année), que Philippes de Brichanteau, second fils d'Antoine (et qui fut depuis seigneur de Linières), sachant que le seigneur de la Rocheagué s'étoit emparé de la ville et du château du Blanc en Berri, pour quelques droits qu'il y prétendoit contre le seigneur de Beauvais-Nangis à qui il appartenoit, prit trente ou quarante habitans de Linières, et s'en alla assiéger le château du Blanc. Philippes de Brichanteau l'escalada, et ayant trouvé le seigneur de la Rocheagué qui se mit en défense, le seigneur de Linières le perça si furieusement d'un coup de son épée, que celle-ci se cassa contre la muraille. Un des gens du sieur de la Rocheagué vint pour donner un coup de hallebarde au seigneur de Linières, mais il fut prévenu par un nommé Prâlon, son valet de chambre, et ainsi l'on demeura maître de la place ; les seigneurs de Brichanteau en ont toujours joui depuis paisiblement. Le fils de ce même Prâlon est présentement écuyer de la reine de Pologne et colonel du régiment du prince Alexandre, fils du roi, et sa fille est mariée dans cette ville.

Vers ce tems-là, il y avoit une guerre en France, guerre civile appelée *des Guerridons* ou la guerre des princes qui assiégèrent la ville de Soissons, où étoit Philippes de Linières, lieutenant de M. le duc du Maine, et pendant ce siège, le 20 juillet et les jours suivants de l'an 1614, il y eut une nombreuse assemblée de princes et de grands seigneurs de leur parti à Linières. On y vit MM. les princes de Condé, de Nevers, de Courtenay, de Sully-Rosny, et plusieurs autres gentilshommes qui formoient un nombre de plus de 500 personnes avec leur suite. Ils tinrent des conférences ensemble pendant trois jours pour savoir s'ils feroient la paix ou la guerre. Pendant ce tems là, il vint de la part du roi et de la reine-mère des députés pour proposer la paix, qui fut conclue à Loudun peu de tems après. Il y a encore ici (1) des personnes qui se souviennent d'avoir vu cette assemblée.

Je ne trouve pas le tems de la mort d'Antoine, mais ce fut depuis 1615 jusqu'en 1617, car, en l'an 1615, il reçut encore la foi et hommage de René de la Châtre, seigneur de Breuillebaut, pour les fiefs qui relevoient de lui. On ne trouve plus rien de lui si ce n'est qu'en 1627 on apporta son cœur de Nangis à Linières. Ce cœur fut déposé dans le caveau qui est sous le chœur de l'église collégiale.

Antoine de Brichanteau a vécu sous trois rois, savoir Henri III, qui lui donna le cordon de l'ordre du Saint-Esprit, institué le premier jour de l'an 1579; Henri IV, qui régna de 1589 jusqu'en 1610, et Louis XIII. Trois doyens gouvernèrent l'église de Linières, Triphon Macard, Louis Gohorry, et Michel Gohorry, son frère ; Jean des Forges étoit bailli, Jacques Pelletier lieutenant, auquel succéda Edme Decerfs. Jean Simonnet étoit procureur fiscal : il eut pour successeur Louis Guillot, qui exerça jusqu'en 1589.

Vers le tems dont nous parlons, Jean de la Châtre, Maréchal de France (2) et gouverneur de Berri, suivoit le parti de la Ligue contre le roi. Il se saisit de toutes les places fortes et de toutes les villes du Berri, qu'il rendit généreusement au roi lorsqu'il l'eut reconnu pour son légitime souverain. Il s'étoit saisi du Châtelet dès l'an 1585. Le château de l'Isle fut pris par le moyen d'un pétard qui fut attaché à la porte par le

(1) Ne perdons pas de vue que Gilles-le-Duc a composé ses *Mémoires* de 1680 à 1692, en comprenant dans cette période la durée de ses recherches préparatoires.

(2) Inhumé dans la cathédrale de Bourges.

nommé Jean Tixier le 18 janvier 1590. Le château de Rezé fut pris le mercredi au soir 14 juin 1589. Chârost fut forcé et pris d'assaut le 3 octobre 1589. M. de la Châtre rendit toutes ces places lorsqu'il remit au roi Bourges et Orléans en 1594.

Mais, d'un autre côté, le sieur de Gamaches tenoit dans le Berri contre la religion catholique et surprit Issoudun qui lui fut livré par trahison le 14 juillet 1588, mais il ne le garda guères. Dans le même tems il assiégea l'abbaïe de la Prée qu'il pilla, mais ce siège lui coûta cher, car il fut blessé d'un coup de lance. Il perdit plusieurs soldats et, entre autres, un de ses amis, M. le baron de Neuvy, seigneur de Bannegon, qui y fut tué, huit mois après avoir épousé Mlle de Linières, fille de M. Charles de la Rochefoucault et de Françoise Chabot, sœur aînée (1) de Mme de Beauvais-Nangis.

Après avoir rétabli l'église de Linières qui avoit été brûlée par les huguenots, on fondit le 11 janvier 1588 deux cloches, l'une appelée Saint-Paul et l'autre Saint-Jean, qui furent ensuite bénites par Messire Triphon Macard, doyen. Cette même année, le seigneur de l'Aubespine, baron de Châteauneuf, fit bâtir une église pour les chanoines du lieu, au lieu de celle qui étoit dans son château. Cette église nouvelle fut consacrée par un évêque appelé Semblozet (2), député de l'archevêque de Bourges.

En 1592, les halles furent bâties telles qu'on les voit aujourd'hui au lieu de celles qui y étoient, petites et

(1) Ou plutôt sœur cadette, si l'on en croit le début de la page 115 des présents *Mémoires*.

(2) Sans doute un des suffragants du siège de Bourges, comme Adam, évêque de Mende (pag. 121, note 2.)

basses (1). On fit prendre à cet effet du bois partout où on en trouvoit, et comme on en prit dans le bois d'un nommé Barnabé Biard, de Chatoulles, il voulut s'en plaindre à M. de Brichanteau, contre qui il s'emporta avec insolence, mais ce seigneur lui répliqua par un soufflet qui lui fit sauter deux dents. Toutefois ce soufflet, tout violent qu'il étoit, ne lui fit pas tant d'affaires que celui qu'il donna un jour à M. d'Epernon en présence du roi, dit-on, car il lui fit perdre la charge d'amiral de France qu'il avoit méritée d'ailleurs par ses belles actions, et qu'il ne garda que vingt-quatre heures.

Sur la fin de ce siècle, les tailles étoient fort considérables. La ville (sans les faux-bourgs, qui ne lui étoient pas encore unis en 1596), payoit 413 écus, quoi qu'il n'y eût que 121 habitans (taillables ?), mais, au commencement du siècle suivant, il paroit qu'elles furent diminuées. On commença aussi à travailler aux ouvrages publics. On répara la ville, par ordre du roi, en 1610, aux dépens de ceux qui avoient des maisons. De plus, M. de Rosnay ayant été élevé à la charge de sur-intendant des financss, avec celle de grand-voyer, et connoissant Linières pour y être venu (dont il aimoit d'ailleurs le seigneur), il destina un fonds pour faire des ponts et chaussées, qui étoient extrêmement nécessaires pour aborder dans la ville. En effet, la rivière d'Arnon, qui y passe par cinq ou six canaux, grossit tellement quelquefois et en si peu de tems qu'il étoit impossible d'y passer plusieurs fois dans l'année (2). Il n'y avoit alors que quelques

(1) L'emplacement de ces halles est toujours le même, mais elles ont naturellement subi diverses restaurations depuis 1592.

(2) Traduisez : à plusieurs époques de l'année, ou : après de fortes pluies, etc.

restes de ponts, et quelques vieilles arcades de distance en distance. Les habitans étoient obligés d'y entretenir quelques planches que l'eau entraînoit fort souvent, et le fermier y tenoit un petit bateau pour les passans; les bœufs et les chevaux y passoient à la nage, non sans danger d'y périr. Les habitans, par le crédit de leur seigneur, obtinrent de M. de Rosnay une somme pour réparer les ponts. On fit marché avec le nommé Brablebois, entrepreneur de Bourges, qui avoit entrepris ceux de Saint-Amand ou d'Orval. Il les devoit faire de seize pieds de large de dehors en dehors pour la somme de 11,500 livres, mais comme on reconnut que deux charrettes n'y pourroient pas passer de front, on lui donna encore 1,500 francs pour ajouter deux pieds de largeur, de sorte que ces ponts ont coûté 13,000 livres, sans y comprendre la levée depuis le pont de la Chatte jusqu'au fauxbourg au de là de l'eau (1). On commença à y travailler le mercredi 10 novembre 1610 et, le jour de Saint-Pierre 1612, on commença le pont de la tannerie de Saujet, où Me Mathurin Marchand, procureur fiscal, mit la première pierre. Le pont de la Chatte fut achevé vers la fin de l'an 1613. Ils furent refaits depuis, en 1682 et en 1683. Les fossés de la ville furent curés dans les années 1614 et 1615. Le seigneur obligeoit ses corvéables appelés arbaniers (2) à y venir travailler et il les faisoit commander par Jacques Houzel, son maître d'hôtel, et ils étoient nourris par les bourgeois dont quelques-uns en nourrissoient jusqu'à vingt et trente par semaine, ce qui devint une charge considérable

(1) On appelle encore aujourd'hui ce faubourg *le faubourg des Ponts*, du nom que lui donne Gilles-le-Duc quelques pages plus loin.

(2) V. pag. 93, note 1.

pour les habitans. On fit en même tems des ponts neufs et des portes aux entrées de la ville. On fit aussi une levée proche les jardins qui forment maintenant la cour du doyenné pour faciliter le chemin à l'église : il n'y avoit auparavant que quelques mauvaises planches qui étoient souvent entraînées par l'inondation. On refit en même tems la clôture du cimetière. Les habitans s'occupèrent en même tems de faire faire des orgues dans leur église. On chargea Me Mathurin Marchand, procureur fiscal, de la conduite de cet ouvrage. Ces orgues furent achevées en 1616 par le sieur Senaux, de Bourges (1). Depuis, elles furent gâtées par un nommé Maussage et pillées ensuite par des personnes que je ne nomme point. Il y en avoit avant le ravage des huguenots, puisqu'il est stipulé dans quelques fondations qu'on chantera sur l'orgue, et qu'il est parlé dans les comptes du Chapitre de la pension de l'organiste.

PHILIPPES DE BRICHANTEAU.

Philippes de Brichanteau avoit épousé en 1613 Claude (2) de Meaux, fille unique de Claude de Meaux, écuyer, seigneur de Bois-Boudran et Boyers, et de dame Catherine d'Elbène, nièce de Guillaume de Meaux, chevalier de l'ordre de Saint-Jean de Jérusalem et grand prieur de France. Par le contrat de mariage,

(1) Sans doute Guillaume *Senault,* désigné par Raynal (*Hist. du Berry*, tom. III, pag. 252), comme ayant concouru aux travaux de la cathédrale.

(2) On sait que cette appellation a été parfois donnée à des femmes, notamment à une reine de France, épouse de François Ier.

Antoine de Brichanteau donnoit à Philippes la terre de Linières, dont celui-ci ne prit pourtant possession que le dernier janvier 1617.

M. de Linières, dans le commencement de son mariage, se trouva engagé dans le parti des Princes en qualité de lieutenant de M. le duc de Mayenne (1). Il fut chargé d'une députation vers le roi, qui lui fit reproche de porter les armes contre lui. Il fut sensible à ce reproche et, depuis, il prit le parti du roi, qui lui donna une compagnie de chevau-légers avec laquelle il rendit de grands services au roi, jusqu'à ce qu'en 1627 il fut pourvu de la charge de capitaine des suisses de la garde de Monsieur le duc d'Orléans, frère unique du roi.

M. de Brichanteau termina vers ce tems-là un procès entrepris par M. de Beauvais contre René de la Châtre, écuyer, seigneur de Breuillebaut, au sujet d'un titre funèbre que le seigneur de Breuillebaut avoit fait mettre à l'église St-Martin-de-Thevé; il fut accordé que cette inscription demeureroit sans être effacée, mais qu'on ne pourroit jamais la renouveler pour quelque sujet que ce fût.

On trouve, vers 1688, un affranchissement des seigneurs de Linières en faveur des enfants de M. Pierre Mérigot et de Catherine Soumard, sa femme, moyennant la somme de six cents livres.

M. de Brichanteau fit ensuite faire marché tant sur les deniers communs que sur les amendes de justice pour faire le pavé du fauxbourg de Pitié, raccommoder celui des Ponts (2) et celui de la porte de la Châtre

(1) L'un des chefs de la Ligue.

(2) V. pag. 131, note 1. Tous ces endroits ont conservé leurs noms dans l'appellation courante.

jusqu'au puits qui est présentement au-dessus des religieuses, et depuis St-Sébastien jusqu'au Maupas, et pour raccommoder la levée du Maupas. Il fit aussi lambrisser la salle de l'Auditoire, à laquelle il fit construire deux croisées. Madame de Linières, vers ce même tems, fonda plusieurs objets au chapitre, qu'elle augmenta encore en 1646, lorsque la chapelle de St-François fut bâtie.

En l'année 1628, la peste étoit à Bourges, à Issoudun, à la Châtre, à St-Amand ; on faisoit garde à Linières, et aux foires d'aoust et de St-Michel on ferma les portes de la ville, et on alla tenir les foires auprès de la levée du Maupas, ainsi que toute l'année suivante 1629. Les habitans, par reconnoissance de ce qu'ils avoient été préservés de ce terrible fléau, firent vœu d'aller à Notre-Dame-de-Liesse avant l'année 1630 et d'y envoyer un présent d'au moins 50 livres. On amassa dans la ville pour parfaire ce présent, et on donna cent francs sur les deniers communs pour le voyage (1). Madame de Brichanteau, qui étoit pour lors à Paris avec son mari, fit faire à ses dépens un tableau d'argent de deux pieds et demi en quarré, représentant la ville et le château de Linières, avec les portraits de Monsieur et de Madame, et elle en fit présent à l'église de N.-Dame-de-Liesse ; il avoit coûté 50 écus (2).

La confrérie du Rosaire fut aussi établie dans l'église

(1) La minute authentique du procès-verbal de désignation des habitants délégués pour ce voyage existait encore, au temps où M. Porcheron était notaire à Linières, dans les archives de son étude (ancienne étude Baudon, v. note 2, pag. 15 et 16 des présents *Mémoires*).

(2) Un vœu du même genre avait été fait, également à Notre-Dame de Liesse, par les habitants de Bourges, avec offrande d'une vue de la ville en argent massif, qui avait coûté 1,050 livres. (RAYNAL, *Hist. du Berry*, tom. IV, pag. 280.)

de Linières à l'instigation de M. Groguet, alors chanoine et principal du Collége. La requête fut présentée à Mgr l'archevêque de Bourges, Roland Hébert, qui mit sa permission au bas. L'érection en fut faite par le père Garsonnet, doyen de la Faculté de théologie et prieur des Jacobins de Bourges, le 9 avril 1630, dans la chapelle de Sainte-Barbe.

Le 20 mars 1635, on fit marché avec le nommé Génin, entrepreneur de Saint-Amand, pour la somme de 4,000 livres, pour faire le portail de la porte de Bourges, avec son pont-levis, abattre les vieilles tours, construire un dôme à l'église, y mettre un timbre pesant au moins 200, faire le lambris de l'église, bâtir le pont de pierre qui est vis-à-vis du château, et raccommoder les autres ponts, chaussées et abreuvoirs.

Il y avoit alors de grands différens entre le seigneur et les habitans au sujet des deniers communs. Le seigneur vouloit qu'ils fussent employés à leur destination, et les habitans vouloient s'en servir à leur fantaisie, comme ils font encore; ils valoient, dans ce tems-là, environ 1500 livres. Monsieur de Linières fit venir un trésorier de France, appelé Louis Lavocat, qui ôta la direction des deniers d'octroi aux échevins, fit défense de payer en d'autres mains que celles de Jean Clément, fauconnier de Monsieur, fit faire un bail nouveau des deniers et ordonna qu'on fît trois portails avec autant de ponts-levis aux trois portes de la ville. Les habitans se pourvurent à la Cour des Aides et accusèrent leur seigneur de vouloir se fortifier dans sa ville, ce dont M. de Brichanteau se défendit bien. Néanmoins ce qu'avoit fait le sieur Lavocat fut cassé, et défense fut faite aux fermiers de payer en d'autres mains qu'en celles des échevins. Ce qui est à remarquer, c'est qu'on ne voit plus aucun reste des deniers communs.

Lors de la construction du dôme de l'église, deux couvreurs étant au-dessus pour achever de le couvrir, la veille de Noël, tombèrent du faîte sur les tombes qui sont encore vis-à-vis la porte de la chapelle de Saint-Jean, sans se tuer ni l'un ni l'autre et l'un d'eux étoit debout dès le lendemain.

Madame de Brichanteau désiroit beaucoup avoir des enfans. Elle fit pour cela beaucoup de prières à la Sainte-Vierge et à saint François de Paule. Enfin, après vingt-deux ans de mariage, elle devint grosse et accoucha, le 3 août 1636, d'une fille qui fut nommée par deux pauvres de la ville Françoise-Marie. Ses parens la reçurent comme un présent du ciel et l'élevèrent avec beaucoup de soin, mais lorsqu'elle eut atteint l'âge de quinze ans et demi, comme les plus grands seigneurs la recherchoient déjà en mariage, elle mourut à Paris et fut inhumée le 6 mars 1652 dans l'église du Temple.

La charge de colonel des suisses de la garde de Monsieur, duc d'Orléans, dont M. de Brichanteau étoit honoré, pensa lui être bien pernicieuse, car dans la révolte de Monsieur (1), contre le roi (2), M. de Brichanteau suivit le duc d'Orléans et se trouvant en Languedoc avec lui, il fut pris à la bataille de Castelnaudary (3) et conduit à Toulouse, ainsi que M. Montmorency. Il demeura longtemps prisonnier et peu s'en fallut qu'il ne subît le même sort (4), mais ses amis aïant représenté qu'il avoit été comme obligé de suivre

(1) Gaston d'Orléans.

(2) Louis XIII.

(3) 1632.

(4) On sait que le maréchal de Montmorency fut décapité.

son maître, il en fut quitte pour perdre son bagage et sa compagnie de chevau-légers qu'il avoit gardée jusqu'alors. Il avoit un laquais nommé Merlin qu'on mit à la torture pour lui faire déclarer le secret de son maître, mais il ne dit jamais rien qui pût lui préjudicier.

Vers le même tems, M. le prince de Condé aïant fait ériger Châteauroux en duché-pairie et ayant gagné son procès contre les officiers d'Issoudun pour le dénombrement qu'il faisoit des terres relevant du duché de Châteauroux, s'appliqua à rechercher les droits de son duché et trouvant que le seigneur de Linières n'avoit pas rendu foi et hommage pour les fiefs et terres en relevant, fit saisir les fiefs de Bois-Coutau, de Bois-Coudray, de Bois-Trevi et de Bois-Roux. M. de Linières n'obtint main-levée de la saisie que par la foi et hommage qu'il rendit le 20 novembre 1637 (1).

L'année suivante fut des plus funestes à la ville de Linières, qui fut affligée de la peste depuis le mois de juillet 1638 jusqu'au commencement de décembre. On attribua ce fléau à une sorte d'imprécation que tout le monde et même les enfans avoient continuellement à la bouche. La contagion étoit à Bourges, à Châteauneuf, à la Châtre, et en quelques paroisses voisines, et quoi qu'on eût fait défense, par ordre de M. et de Mme de Brichanteau, de retirer en cette ville aucuns venant des lieux soupçonnés, on ne laissa pas de rece-

(1) A son tour, Philippes de Brichanteau se faisait rendre aveu et dénombrement par ses vassaux, et c'est ainsi qu'on trouve, aux Archives du Cher (série E, 864), un aveu et dénombrement de la seigneurie du Coudray, fourni par Pierre Péaron audit Philippes de Brichanteau, baron de Linières, puis un acte de foi et hommage contenant dénombrement rendu par les administrateurs de l'hôpital de La Châtre pour les dîmes de La Châtre et des Couraux, avec présentation d'homme vivant et mourant.

voir un nommé La Coffure, chez qui la peste avoit été et qui avoit perdu quelques-uns de ses domestiques dans un village de la paroisse de St-Baudel. Il vint donc demeurer au grand fauxbourg, dans la maison d'Alain, où demeure à présent le nommé Aublanc, et il n'y fut pas plus tôt que son fils et son valet en furent frappés. En même tems un fils de M. Jean Cormenier, qui demeuroit dans la métairie au-dessus du fauxbourg avec son père, pour avoir visité La Coffure, mourut, et fut enterré derrière le four de la dite métairie. Le mal s'étendit de maison en maison et, en peu de jours, il mourut de douze à quinze personnes dans les environs, ce qui causa une telle épouvante qu'en moins de deux jours la moitié des habitans désertèrent la ville, et s'en allèrent les uns à l'Isle, les autres à Touchay, les autres ailleurs, partout où ils avoient des maisons de campagne. On bâtit des huttes pour les pestiférés dans le pré du Maupas, et dans celui de l'Ange-Blanc, et en beaucoup d'autres lieux. On rendoit pendant ce tems-là la justice à Touchay, où s'étoit retiré le bailli; le procureur fiscal étoit à Puyvieil.

Comme c'est dans l'adversité qu'on a recours à Dieu particulièrement, on fit deux vœux solennels pour détourner le fléau de la colère divine. L'un fut fait le dernier jour de juillet, devant la porte de l'église de la Celle, entre les mains de Messires Vincent Lejau, qualifié vicaire de la Celle, et Simon Le Gleneux, chanoine, qui s'y étoit retiré. Les habitans, au nombre de vingt, qui signèrent le vœu, s'obligèrent d'aller en procession à N.-D. de Vaudouan (1), d'y porter un

(1) Vaudouan ou Vaudevant, lieu de pèlerinage dans l'Indre. Il y existe un sanctuaire bâti, d'après la tradition, à l'occasion de certains faits miraculeux. On a conté à l'auteur de ces Notes que, sous la Terreur, un ou plusieurs individus ayant renversé la statue de la

cierge, et de faire faire une bougie de six fils (?), de la longueur de l'enceinte de la ville, du château et des fauxbourgs, laquelle seroit mise sur un rouleau proche l'autel de St-Roch, pour l'allumer à toutes les messes qui s'y célébreroient. La mesure de cette enceinte fut prise le jour de la St-Sébastien suivant (1), l'an 1639, pendant que la glace portoit partout, à commencer à Notre-Dame-de-Pitié, faisant le tour des fossés de St-Blaise et du fauxbourg du Chenil, revenir devant la porte de Bourges, prendre le tour du château et des tanneries (qui étoient alors où est maintenant le jardin), jusqu'aux dernières maisons du fauxbourg, et de là retourner au lieu de N.-D. de Pitié. Ce tour contient 1190 toises et demie.

L'autre vœu fut fait par le sieur Groguet (2) et d'autres habitans qui étoient demeurés dans la ville. Le doyen y étoit demeuré comme un bon pasteur pour exposer sa vie pour ses brebis et leur administrer les sacremens dans l'extrême nécessité. Il fit une procession générale avec le St-Sacrement autour de la ville, après laquelle il fit planter une croix fort haute que j'ai encore vue hors la porte de la Châtre et y fit attacher un tableau avec une image de St-Christophe au-dessous duquel étoit écrit le vœu qu'il faisoit de bâtir une chapelle en ce lieu-là en l'honneur de N.-D. de Liesse et de Consolation, ce dont il avoit eu, disoit-il, inspiration dans sa jeunesse. Ce vœu fut fait le lendemain de celui de la Celle, que le sieur doyen n'approuva pas.

Vierge et tenté de la couler à fond dans une fontaine voisine, cette statue aurait surnagé malgré tous les moyens employés et serait sortie intacte de tous les outrages?

(1) 20 janvier.

(2) Déjà nommé et qualifié au début de la pag. 135.

Les dépenses qu'on fut obligé de faire pour soulager les pestiférés furent considérables, et sont des monumens de la charité de M. et de Mme de Brichanteau. On fit marché avec Pierre Bijotal, apothicaire dans cette ville, à 360 livres pour trois mois, et à son apprenti à une pistole par mois, pour traiter les pestiférés. Mais Mme de Linières, qui s'étoit retirée au château de Meillant, ne sachant pas cette convention, envoya un chirurgien nommé Mansau, à qui elle avoit promis 300 livres. On promit à Guillaume Rigaut, pour servir de prévôt de santé, 45 livres ; à Etienne Amiot, pour porter les vivres aux malades, 10 livres par mois ; à Andrée Bastard, pour les visiter et les servir, 15 livres par mois ; au nommé Guillebaut, pour faire les fosses et aider à enterrer les morts, 12 livres par mois ; au valet de Mansau, pour porter les corps, 50 livres par deux mois ; à François Dubois, pour le bois des parcs, et permettre qu'on s'en servît pour brûler et faire des huttes pour les malades, 100 livres ; aux Parnajons pour souffrir un autre lieu de santé à l'Ange-Blanc, on leur promit 300 livres. On fit ensuite un catalogue des pauvres qui n'avoient pas de moyens pour se soulager. Le nombre se trouva de 48 familles dans la ville, et de 20 autres dans les huttes, à qui on fournissoit tout ce qui leur étoit nécessaire. M. et Mme de Linières se distinguèrent alors par des aumônes considérables. Enfin la peste cessa vers la fin d'octobre, et on commença dès le 10 novembre à rétablir les foires et marchés dans la ville, mais j'ignore comment les habitans pouvoient subsister, car les tailles (qui ne sont aujourd'hui qu'à 700 livres) étoient cette année-là à 5,860.

On dit que M. de Linières ne craignoit point la peste et qu'il avoit coutume de dire qu'il n'y avoit que les gueux qui en mouroient. Cependant il se retira à Paris dans son hôtel, au Temple, ou plutôt à l'hôtel du grand prieur de France, son oncle, où son épouse l'alla trouver quelque temps après. Il y mourut d'une fièvre quarte par les remèdes trop violens et trop fréquens qu'on lui donna pour la lui faire passer. Ce fut un mercredi, 2 mars 1639. Il étoit âgé de 52 ans. Il voulut rendre à son père les marques d'attachement qu'il en avoit reçues. Il ordonna que son corps fût porté à Linières et son cœur à Nangis, où étoit le corps de son père. Ainsi son corps fut apporté de Paris à Linières, et le chapitre, accompagné des curés des paroisses de la terre, de toute la noblesse du canton, et d'une grande foule de peuple, alla le recevoir aux confins de la terre, du côté de Mareuil, et le conduisit processionnellement dans l'église collégiale. Il y fut inhumé le 16 mars dans le caveau qui est sous le chœur de cette église, où il repose dans un cercueil de plomb auprès du cœur de son père. Son épouse, qui donna toutes les marques de regret possibles à la perte de son époux, fit présent au chapitre, à cette occasion, d'un ornement de velours noir avec des orfrois (1) de satin blanc, enrichi de ses armes en broderie. Il consiste dans un grand drap de corps, la chasuble, les deux tuniques, et un parement d'autel. Elle fit faire une épitaphe très bien exécutée, gravée sur des tables de marbre, en lettres d'or.

Cette vertueuse dame avoit déjà fondé aux Minimes de Bomiers une messe qu'on devoit dire tous les ans pour mademoiselle sa fille, au jour de sa naissance. Elle avoit donné pour cela 100 écus d'or, valant 500 livres. Elle résolut, sur la fin de ses jours, de faire une autre action de piété. Ce fut de reconstruire la cha-

(1) Parements ouvragés.

pelle du St-Sauveur, détruite par les huguenots. Il n'en restoit que des ruines dont on avoit fait un jardin pour des fleurs. Elle fit marché avec un Michel Roy, sculpteur de Bourges, pour la somme de 4,000 livres. Elle devoit mettre tous les matériaux sur place et il devoit rendre la chapelle parfaite le jour de la Toussaint suivant. Le marché est du 18 janvier. Cette chapelle nouvelle fut bénite le 4 mars 1646 par le sieur doyen, qui en avoit reçu la commission, et dédiée à St-François-de-Paule, comme le témoigne une inscription qu'on lit dans la dite chapelle. Elle peut passer pour une des plus belles de la province (1). Son rétable en pierre de taille est un assez beau morceau d'architecture. Cependant Madame de Brichanteau aïant fait venir deux habiles architectes, dont un étoit de Valence, pour visiter et recevoir l'ouvrage, ils trouvèrent plusieurs défauts de proportion qui sont, en effet, très sensibles. Le tableau du rétable est assez beau. Il y en a un semblable à l'église de St-François-de-Paule, au Plessis-les-Tours. Il représente saint François offrant à la Sainte-Vierge, qui tient l'Enfant Jésus, Mlle de Brichanteau peinte à l'âge de sept ans en habit de minime. Mais le peintre lui a donné mal à propos un carreau (2). M. de la Vrillière, archevêque de Bourges, faisant la visite de cette église l'an 1684, remarqua que la figure de la petite fille avoit la gorge nue ; il ordonna qu'on ôtât le tableau ; mais Mme Colbert, étant venue depuis en cette ville, écrivit à M. l'Archevêque, qui se contenta

(1) Cette vaste chapelle est toujours dédiée à saint François et on y remarque encore la plupart des particularités décrites par Gilles-le-Duc, avec des inscriptions murales, des pierres tombales, etc. On y voyait aussi autrefois, paraît-il, un tableau de la Nativité.

(2) Il s'agit sans doute du coussin carré pour se mettre à genoux, comme on le voit dans les tableaux et sur les vitraux du temps.

qu'on donnât à l'enfant un mouchoir sur le cou, et l'interdit de la chapelle fut levé.

Il y a aussi dans cette chapelle un mausolée sur lequel sont représentées les figures de M. et de Mme de Linières. Le mari est en habit de guerre et la dame habillée à la mode du temps. Mme d'Elbène, mère de Mme de Linières, vivoit encore lorsque la chapelle fut bénite, mais elle mourut le 19 avril 1646, dans le château de Linières. Elle est la première qui ait été déposée dans le caveau qui est devant l'autel. Au-dessus des degrés de la dite chapelle, à l'extrémité de la pierre qui en fait l'entrée, on voit une plaque d'ardoise sur laquelle on lit cette inscription qui donne à connaître les qualités de son mari :

Ci-gît haute et puissante dame Catherine d'Elbène, veuve de haut et très puissant seigneur messire Claude de Meaux, seigneur de Bois-Boudran, Boyers et Couts, conseiller du roi en ses conseils, gouverneur de la ville et du château de Montereau-en-Brie, les dits de Meaux et d'Elbène père et mère de haute et puissante dame Claude de Meaux, dame de Linières, leur fille unique, la dite dame d'Elbène décédée dans le château de cette ville de Linières, le 19 avril 1646, âgée de quatre-vingts ans.

Cependant le sieur Groguet, doïen, s'occupa, vers le même tems, avec le secours de Mme de Meaux et des habitans, des moyens de construire la chapelle de N.-D. de Liesse, où sont maintenant les religieuses Ursulines, pour satisfaire à son vœu. Il acheta, pour cet effet, une maison ruinée (1) qu'il fit accommoder

(1) Cette maison appartient aujourd'hui à Mme Plassat. On y a encore retrouvé, dans ces dernières années, une des sonnettes en usage pour la célébration de la messe. La sacristie se trouvait où est le cellier actuel de cette habitation. Le couvent des Ursulines était plus spécialement dans le bâtiment contigu, propriété de M. Porcheron, ancien notaire à Linières. Il y existe des traces d'un souterrain, qui pouvait servir d'asile aux religieuses en cas de troubles.

de manière qu'elle pût servir de chapelle et, dès le 12 avril 1639, il présenta requête à MM. les Grands-Vicaires (le siège vacant), aux fins que la place et le bâtiment fussent visités. MM. Labbe et Perrot députèrent le sieur Aussard, qui y vint et dressa procès-verbal, en présence des habitans, le 2 juillet 1639, après quoi la dite chapelle fut dédiée et consacrée, un dimanche 7 août de la même année, par Mgr Philbert de Brichanteau, évêque et duc de Laon, frère du défunt seigneur de Linières, qui demeuroit pour lors au château de Meillant, et y a été même inhumé dans une chapelle de l'église où il ne reste plus aucune marque de sa sépulture. La cérémonie de la consécration fut magnifique, et depuis ce tems-là même le sieur Groguet avoit grand soin de la renouveler tous les ans. Il y avoit fait unir (1) des indulgences, et il convoquoit les curés et confesseurs de plus de six lieues aux environs, et assembloit des musiciens de Bourges, d'Issoudun, de Vatan, de Levroux, de Neuvy et de Dun-le-Roi, tellement qu'ils se trouvoient quelquefois plus de 50; il s'y rassembloit une foule immense de peuple. La chapelle étoit fort petite dans le

En ouvrant un corridor, on a découvert dans ce bâtiment, presque à fleur de sol, au milieu de débris, sous un petit carrelage, une tête en pierre que possède encore l'auteur de ces Notes. Cette sculpture, très grossière, paraît remonter bien au-delà du XVIIe siècle et se rapporter à d'autres constructions ou édifices fort antérieurs aux maisons actuelles. Elle a $0^m 10$ de longueur, du sommet des cheveux au bas du menton, et de $0^m 8$ à $0^m 9$ de largeur d'une oreille à l'autre. Les yeux n'y sont figurés que par deux perforations rondes, avec un léger rebord circulaire, et la bouche que par une sorte de fente ou d'entaille, sans traces de lèvres. Le nez est fruste et très-aplati. Il y a des vestiges d'une barbe en collier. La chevelure descend, par devant, presque sur les paupières, sous forme de petites boucles saillantes et tombant droit.

(1) *Attacher* des indulgences, dirait-on aujourd'hui.

commencement, mais le sieur Groguet ayant acquis depuis les maisons attenantes, il la fit augmenter, et elle l'a encore été depuis, de mon temps. Il fit faire des fondations qui lui ont causé bien du trouble avec son chapitre. Il y établit des religieuses à qui il donna tout ce qu'il possédoit.

Vers le tems dont nous parlons, Mme de Meaux fit quelques fondations à la chapelle de St-François qu'elle orna de plusieurs beaux ornements. Elle fonda les fêtes de St-François-de-Paule et de St-François-d'Assises, un service pour Mme d'Elbène, sa mère, et la fête de St-Guillaume, avec un *De Profundis* pour Guillaume de Meaux, grand prieur de France. Ce fut elle qui remit à la baronnie de Linières le droit de la foire de Pâques, qui avoit toujours appartenu aux habitans, comme il paroit par une transaction de 1610. Cette foire avoit été engagée vers ce tems-là (1610) au nommé Samuel Jupille pour acquitter la ville envers Philbert Cormenier d'une part, et de 600 livres de principal de rente constituée par la même ville au seigneur de la Perrière, pour donner aux seigneur et dame de Beauvais, comme il est dit dans la transaction; Madame de Meaux la retira depuis du nommé Jupille et la réunit à son domaine, dont elle n'a pas été séparée depuis.

Elle gagna un procès au parlement contre M. le prince de Condé (1) au sujet de la mortaille des nommés Secours et Algret. Ce procès, qui enrichit une famille de cette ville, en a appauvri bien d'autres, car on dit que ce fut par ressentiment que M. le

(1) Pris en sa qualité de baron du Châtelet. Ce procès fit l'objet de plusieurs décisions de justice, et finalement d'un arrêt du 1er septembre 1643, reproduit aux *Coutumes locales* de La Thaumassière, pag. 197.

prince de Condé envoya la compagnie d'ordonnance de M. le duc d'Enghien, son fils, en garnison à Linières, pour y vivre *à discrétion*. On racontoit aussi que le sieur Cormenier, fermier du Châtelet, appartenant à M. le prince, irrité contre les habitans de ce qu'ils l'avoient mis à la taille, ou pour d'autres raisons, avoit été se plaindre d'eux et leur avoit attiré ce traitement. Quoi qu'il en soit, cette compagnie arriva à Linières le 22 décembre 1646 et y resta jusqu'au 25 janvier 1647. Les officiers obligèrent la ville à leur donner cinq mille francs qu'on emprunta du sieur Audoux, receveur des tailles de Châteauroux et de la Châtre, et, depuis, six cents livres, qu'on emprunta de M. Vincent Soumard. Moyennant ces sommes, les officiers promettoient de fournir la nourriture à leur compagnie, et de n'exiger des habitans que les meubles et ustensiles, mais ils ne tinrent pas parole, car les soldats vivoient à discrétion chez leurs hôtes, et leur faisoient toutes sortes de mauvais traitements. Ils s'assembloient tantôt chez les uns, tantôt chez les autres, au nombre de 12 à 15, et ils obligeoient les habitants chez qui ils alloient à leur fournir bonne chère, puis leur demandoient des habits, des chapeaux, des bottes, etc. Ceux qui ne vouloient ou ne pouvoient pas faire cette dépense, on leur brûloit leurs meubles et on découvroit leurs maisons. Celles des sieurs Douté et Cormenier, qu'on accusoit de les avoir fait venir, furent aussi découvertes. Les sieurs du Plaix, du Plessis et de la Perrière voulurent bien s'obliger avec (1) les habitans pour les dettes que ceux-ci étoient obligés de contracter, sans omettre M. de Taillis-Vert, capitaine du château.

(1) Cautionner ou souscrire conjointement les obligations dont il est reparlé un peu plus loin.

Il pensa arriver bien du désordre entre la noblesse des environs et les officiers de la compagnie. Comme les gentilshommes du canton prioient ceux-ci d'empêcher leurs soldats de maltraiter les habitans, des prières on en vint aux menaces et aux injures, particulièrement contre le sieur Dumasi, commandant. Il y eut même rendez-vous donné : les gentilshommes s'y trouvèrent en bon ordre et bien résolus de s'y battre, mais les autres ne jugèrent pas à propos de s'y rendre. La compagnie resta à Linières bien plus longtemps qu'ils ne croyoient eux-mêmes, car M. le Prince étant mort le 28 décembre 1646 (1), cet accident empêcha qu'on pût avoir accès dans la maison du prince pour demander le délogement des gens de guerre. Ils s'en allèrent enfin et passèrent par Saint-Chartier et Cluis, où ils firent bien du désordre, mais la Providence attendoit le sieur Dumasi, auteur de tous ces maux, à l'abbaïe des Pierres (2). Etant allé pour la piller, il y fut tué d'un coup de mousquet dans la tête, dont il tomba en criant : « Ah ! par sang Dieu ! » je suis mort ! » On dit que celui qui a tiré le coup est encore vivant ; il s'appelle Bucas, prieur, curé de Sidiailles, qui n'étoit encore que novice dans cette abbaïe. L'argent qui avoit été emprunté fut rendu avant l'année 1650, et on retira les obligations.

Dans ce même tems, Mademoiselle de Brichanteau ayant atteint l'âge de douze ans, Madame de Meaux

(1) Faisons remarquer, avant que ne se termine le récit de cet épisode, qu'il s'agit de Henri II de Bourbon, né le 1er septembre 1588, marié en 1609 à Charlotte de Montmorency, prince dur et sans mérite, qui ne doit pas être confondu avec le grand Condé, dont Bossuet a prononcé l'*Oraison funèbre*.

(2) Abbaye de N.-D.-des-Pierres (de l'Ordre de Citeaux), dont on voit encore des pans de murs et des restes de caveaux sur le territoire de la commune de Sidiailles.

crut devoir aller s'établir à Paris, pour lui donner l'éducation convenable à une personne de sa qualité. Elle partit donc de Linières au mois de mai de l'an 1649, où elle n'est plus revenue, quoiqu'elle ne soit morte que trente cinq ans après, mais elle s'occupoit néanmoins de ses habitans, qu'elle affectionnoit très-particulièrement, comme il est aisé de le voir par grand nombre de lettres que j'ai entre mes mains. Ce fut le 6 mars 1652 qu'elle perdit sa fille. Aussitôt après sa mort, MM. de Nangis et de la Roche-Aymon et de Guerchy, devenus héritiers, envoïèrent le sieur de Beauregard, fondé de procuration, pour affermer la terre de Linières. Les fermiers furent François Salet, Vincent Soumard et Mathurin Coulant, qui n'en jouirent qu'un an. Ils y gagnèrent beaucoup, parce qu'il mourut beaucoup de serfs dont ils eurent les mortailles, et qu'ils pêchèrent les étangs et notamment celui de Villiers qui ne l'avoit pas été depuis longtems, tellement que l'on disoit que les brochets vivoient de corps morts, et qu'on avoit trouvé des ossements humains dans leurs ventres. Les héritiers de Mademoiselle de Brichanteau convinrent ensemble de vendre la terre, et la vendirent en effet le 11 juin 1653 à M. Jérôme de Nouveau, comme nous le dirons après.

Madame de Meaux passa le reste de ses jours à son château de Bois-Boudran, en Brie, où elle vivoit d'une manière très-édifiante, et d'où elle faisoit du bien à beaucoup de personnes de Linières. Elle recevoit chez elle toutes sortes de malades qu'elle nourrissoit et faisoit traiter jusqu'à l'entière guérison; elle avoit chez elle une femme qui n'avoit d'autre occupation que de donner l'aumône. J'eus occasion de la voir à l'âge de 86 ans, un mois avant qu'elle mourût : elle avoit autant d'esprit et de mémoire que dans sa jeunesse; elle se souvenoit parfaitement de tout ce qui s'étoit passé à Linières de son tems, et elle entretenoit un ordre admirable dans sa maison, mais enfin elle mourut le 6 avril 1684, sans qu'elle parût malade. Elle se fit donner l'extrême onction étant debout. Elle avoit ordonné sa sépulture dans la chapelle de N.-D. de Lorette, au Temple, à Paris, mais elle changea de volonté, et voulut être inhumée dans sa paroisse de Fontenailles, près Nangis-en-Brie, où elle a fondé une vicairie et une aumône pour les pauvres de la paroisse. Dans un voyage que je fis à Paris dans le tems dont nous parlons, je vis trois dames de Linières, toutes trois extrêmement vertueuses, Madame de Meaux, douairière de Linières, Madame la princesse Palatine et Madame Colbert.

Pendant la domination de M. et de Mme de Brichanteau, il s'est passé beaucoup de choses dont nous allons parler. Louis XIII et Louis XIV ont régné sur la France; MM. Frémiot, Roland Hébert et Pierre d'Hardivilliers ont été archevêques de Bourges; Pierre Descortys et François Groguet ont été doyens de Linières. Claude Dorsanne étoit lieutenant général à Issoudun : en 1618, il eut pour successeur René, son fils. Jean Prévôt étoit bailli de Linières, Mathurin Marchand lieutenant, Louis Douté procureur fiscal.

Le 12 avril 1615 il y eut une réduction des charges du Chapitre par Adam, évêque de Mende (1), commissaire de l'archevêque de Bourges. Il y en eut une autre en 1619 par les PP. Jean Gérard et Bertrand Bernet, jésuites, visiteurs de ce diocèse, commis par M. l'Archevêque. Enfin il y en eut encore une le

(1) V. pag. 121, note 2.

20 nov. 1632 et un règlement fait par Mgr Roland Hébert, qui sert aujourd'hui de règle au Chapitre.

L'an 1621 on fit un bail avec Edme de Cerfs pour faire la levée des ponts avec les deux arcades, depuis le pont de la Chatte jusqu'au faubourg au delà de l'eau pour la somme de 500 livres. L'année suivante, 1622, fut fait un autre bail au dit sieur de Cerfs pour le pavé depuis la porte de la Châtre jusqu'à la séparation de la paroisse, y compris la couverture de l'église, et on lui donna pour ce 700 livres. En 1626 on continua le pavé jusques vers la fin du faubourg et on fit la levée du Maupas pour le prix de 1,110 livres. Tous ces ouvrages furent achevés vers la fin de l'année 1628. On bâtit la même année le pont de bois qui est à la porte de l'église. Dans ce même tems les deniers communs étoient à 1,540 francs par an.

Le deux décembre 1621 furent fondues les cloches : on acheta 400 livres de métal à 11 sols quatre deniers la livre. On fit une cloche appelée Saint-Jean pesant 391 livres, une autre appelée Saint-Claude pesant six ou sept cents livres, et enfin une troisième, qui ne pesoit que 54 livres, appelée le Painperdu. Le service pour les confrères du Saint-Sacrement fut fondé l'an 1634, et je trouve que les autels furent consacrés par Mgr Roland Hébert dans la visite de 1626. Il mit dans tous des reliques de saint Symphorien, que le sieur Gilbert Jommeau, chanoine, avoit eues de la chapelle de Bois-Labbé. Ce fut dans ce voyage que M. l'Archevêque connut le sieur Groguet, depuis doyen, qui prit possession d'une prébende. On lui donna le collège, qui valoit plus de 140 livres, outre 50 livres payées par la ville. Il gouverna le collège jusqu'à ce qu'il fût doyen, le lendemain de Saint-Pierre de l'an 1631. Il est le 1er de nomination laïque. Ses prédécesseurs avoient toujours été nommés par les abbés du Bourg-Dieu, ou s'étoient pourvus en cour de Rome, mais les abbaïes du Bourg-Dieu et de Saint-Gildas ayant été données à M. le prince de Condé par le Pape, du consentement du roi, pour en faire le duché de Châteauroux, M. l'Archevêque de Bourges présenta à M. le Prince le sieur Groguet, qui fut nommé.

L'année 1631 le bled fut extrêmement cher : si j'en crois un *Mémoire* du tems, il se trouvoit à l'aumône de Saint-Hilaire jusqu'à quatre mille quatre cents personnes, et à celle des Serfs, qui se fait le vendredi des quatre tems de carême, il s'en trouva 3,001 au château de Linières.

Nous avons dit plus haut (1) qu'on ne sait par qui la chapelle de Saint-Nicolas a été bâtie, si ce n'est par un nommé Amourette, ce qui n'est que tradition. Cette chapelle s'étant trouvée toute découverte et prête à tomber, en 1637, le procureur fiscal et le gouverneur Jean Clément firent assigner M. Louis Douté et Madeleine Paviot, sa femme, Edme Jobert, tuteur de ses enfans et de défunte Jeanne Paviot, à qui on pensoit que la chapelle appartenoit, à renoncer aux droits qu'ils y prétendoient ou à l'entretenir, à quoi ils furent condamnés par sentence du 27 avril, dont ils appelèrent, mais ils l'ont réparée depuis et se l'attribuent sans autre titre que cette sentence, et toute la famille du sieur Douté y a été inhumée et, de notre tems, M. Gilbert Douté, sieur d'Aigues-Mortes, ci-devant bailli de Linières, y a fait faire un balustre, un petit retable, et un tableau qu'il fit faire à Paris en 1687.

Le 24 septembre 1640 il y eut une inondation considérable, tellement que pendant 24 heures on ne put

(1) Pag. 119.

approcher de l'église. Les eaux étoient si grandes sous la halle et jusqu'aux Trois-Rois, qu'on ne pouvoit y aller qu'en bateau, et toute la ville étoit inondée, excepté deux ou trois maisons vers le carroir Blanc. Comme l'eau avoit trois pieds de haut dans l'église, elle bouleversa tout le pavé qui fut réparé par les soins de M. Jacques Pelletier; il a duré jusqu'en 1676, qu'il en fut encore réparé par M. Edme Pelletier, premier procureur fabricien depuis le rétablissement de la fabrique.

La terre de Lisle, qui avoit été engagée à plusieurs personnes, même à des bourgeois de Linières, étoit tombée entre les mains d'un nommé le général Milet, qui l'avoit achetée de René de Varye (1), écuyer, sieur de Lisle et de damoiselle de Grailly, sa femme. Ensuite Philippe de Varye y étoit rentré et en avoit joui longtemps, puis, après lui, le sieur de la Brosse; mais, en 1642, Antoine de Villeneuve, marquis de Trans, mari de dame Gabrielle Dumas de Castellane, s'en remit en possession, et cette terre est demeurée entre les mains de la dite dame jusqu'à sa mort, qu'elle la donna ou vendit à Henri de Mousnier, écuyer, seigneur de Melan (*sic*) (2), qui en jouit à présent.

Nous sommes arrivés à un événement bien funeste pour le Berri et le Bourbonnois, je veux dire la Guerre des Princes, dont le théâtre fut au château de Mont-Rond, près Saint-Amand (3). Je rapporterai ce que j'en ai pu apprendre *par des témoins oculaires*, me restreignant à ce qui regarde la ville de Linières.

(1) Sans doute un des descendants de Guillaume de Varye, l'un des facteurs de Jacques Cœur.

(2) Peut-être doit-on lire *Meulan* (aujourd'hui département de Seine-et-Oise) ?

(3) V. Raynal, *Hist. du Berry*, table alphabétique, au mot *Mont-Rond*.

Henri de Bourbon, premier prince du sang, ayant acquis presque toute la province du Berri, dont il étoit gouverneur et où il demeuroit souvent, y ayant fait élever M. le duc d'Enghien, son fils, acquit de M. le duc de Sully le château de Mont-Rond et la ville de Saint-Amand sur les confins du Berri et du Bourbonnois, à cinq lieues de cette ville (1). Ayant trouvé que la situation étoit avantageuse pour rendre ce château fort, il y fit si bien travailler qu'il devint en peu de tems un des mieux fortifiés du royaume. M. le Prince son fils, mécontent de la Cour, ayant pris les armes, eut intention d'abord de se retirer dans le Berri où tout tenoit pour lui, mais le roi et la reine l'y ayant bientôt suivi, et s'étant emparés de Bourges, M. le Prince vint à Mont-Rond, qu'il crut bien capable, après l'avoir visité, d'arrêter une armée, mais non pas (d'offrir ?) une retraite assez sûre pour lui. C'est pourquoi il s'en alla à Bordeaux, laissant à Mont-Rond une forte garnison bien pourvue de toutes sortes de munitions de guerre et de bouche, sous le commandement de M. de Persan et de M. de Bussy (2), son lieutenant, qui commencèrent d'abord à mettre tout le païs à contribution. Ils demandèrent le 15 septembre à la ville de Linières 3,000 livres pour deux quartiers de tailles qui furent réduits néanmoins à 600 livres en considération de Madame de Linières, dont il étoit parent, et qui lui écrivit une lettre dont le sieur Jacquemet étoit porteur. Vers le commencement de l'année 1651, les habitans fournirent, par ordre de M. le Prince, à trois compagnies du régiment de M. de Conti, pendant quatre jours, 1,692 pains, 846 livres

(1) C'est-à-dire de Linières.

(2) Le fameux Bussy-Rabutin, cousin de Mme de Sévigné.

de viande, 600 livres de foin, 480 mesures d'avoine. Dans la même année, on fournit aussi à dix compagnies du régiment de Clauleuf 1,600 pains, 896 livres de viande, 22 quintaux de foin, 440 mesures d'avoine et 796 pintes de vin.

Le 21 septembre 1651, le feu prit à Issoudun, sur les six heures du soir, sans qu'on sût comment, et brûla six cent trente maisons. L'incendie cessa par un miracle, car le sieur curé de Saint-Cyr étant entré dans la maison du sieur Chardin, maître particulier des Eaux-et-Forêts, avec le Saint-Sacrement, et l'ayant posé sur une table, la maison fut conservée, quoique toutes celles d'alentour fussent consumées par le feu. (Cet incendie cessa par un autre moyen naturel, comme on peut bien le croire) (1). Les habitans, qui crurent que c'étoient des gens du Mont-Rond qui avoient mis le feu, et qu'ils vouloient par là les surprendre, fermèrent les portes et coururent aux armes, tellement que ceux des faux-bourgs ne purent les secourir. Le roi et la reine, étant venus à Bourges vers le 21 octobre suivant, passèrent par Issoudun pour voir les restes de ce funeste embrasement, et la reine disoit à son fils que la ville n'avoit été traitée ainsi que parce qu'elle lui avoit été fidèle, et avoit refusé de suivre le parti de M. le Prince, ce qui valut à la ville d'Issoudun une grande réputation de fidélité et des exemptions honorables. Il n'est pourtant pas certain que le feu ait été mis par les gens de M. le Prince.

Pendant que le roi étoit à Bourges, Mme de Linières, toujours occupée du bien de ses habitans, leur conseilla d'aller trouver Mlle de Guerchy, sa nièce,

(1) On pourrait appliquer à cette réflexion incidente la remarque contenue un peu plus loin, à la note 1 de la page 162.

fille d'honneur de la reine, Mgr le Garde des Sceaux et M. de Palluau, gouverneur de Berri, et leur donna des lettres pour les prier d'obtenir une sauve garde du roi pour Linières, laquelle il accorda en ces termes :

Le roi voulant conserver (1) de tout logement et courses de ses gens de guerre la ville de Linières et ses dépendances appartenant à Mme de Linières, en considération de sa qualité et des services du sieur de Linières, son mari, Sa Majesté défend très-expressément à tous chefs et officiers commandant et conduisant ses gens de guerre, tant de cheval que de pied, français et étrangers, de loger, ni souffrir qu'il soit logé aucun d'eux dans la dite ville si ce n'est par ordre et département de Sa Majesté, ou de ses lieutenants généraux, ni d'icelle prendre, enlever et fourrager aucunes choses, à peine aux dits chefs et officiers d'en répondre en leur propre et privé nom, d'autant que Sa Majesté a pris et prend la dite dame de Linières, sa ville, ses appartenances et dépendances et tout ce qui lui appartient, en sa protection et sauve garde spéciale par la présente signée de sa main, par laquelle elle mande et ordonne à tout prévôt des maréchaux (2), ou autres juges sur ce requis, de se saisir des contrevenans et coupables, et d'en faire une si sévère punition qu'elle serve d'exemple aux autres, permettant Sa Majesté à la dite dame de Linières de faire mettre et apposer aux principales avenues de la ville, et aux endroits où bon lui semblera, ses armoiries, panneaux et bâtons royaux, à ce qu'aucun n'en prétende cause d'ignorance. Fait à Bourges, le 22 octobre 1651, et plus bas : de Loménie.

Cette sauve garde fut exposée en plusieurs endroits, mais les troubles étoient si grands qu'elle n'empêcha

(1) Pour préserver.

(2) Les prévôts des maréchaux avaient notamment pour compétence de juger les gens de guerre, soit dans une marche, soit dans les lieux d'étape ou de séjour. Ils prenaient aussi le titre d'*Ecuyers conseillers du roi.* Ils exerçaient une de ces juridictions qu'on désignait sous le terme caractéristique de *justice bottée.*

pas plusieurs compagnies de passer à Linières. On fut obligé même d'y recevoir un corps d'armée composé de six à huit mille hommes, avec du canon, et conduit par le sieur de Castelnau. Cette armée, en marchant, s'étendoit à plus de dix lieues de large, depuis Issoudun jusqu'à Culant. Ils logèrent aussi à Saint-Hilaire et à Saint-Christophe et, de là, à la Châtre et aux environs. Ils pilloient et ravageoient tout, partout où ils passoient; les paysans, qui en souffrirent beaucoup, se sont souvenus longtemps *des Castelnaux*, comme ils disoient, et quand ils vouloient assigner leur âge, ils disoient : « *Je suis du tems des Castelnaux,* » *j'avais tant d'années quand ils sont passés.* » Ce fut (1) un samedi et un dimanche 11 et 12 novembre 1651, pendant que le siège étoit devant Mont-Rond, et cinq à six jours avant qu'on n'assiégeât le Châtelet (2).

Ce fut dans la nuit du dimanche au lundi 16 octobre 1651 que Saint-Amand fut investi par les gens du roi, et que l'on commença les approches du Mont-Rond. Saint-Amand n'étoit pas capable de soutenir le siège; c'est pourquoi le sieur de Persan, quelque tems auparavant, avoit donné avis aux habitans de se retirer avec leurs effets dans le château, ce que quelques uns firent, mais d'autres serrèrent leurs meubles aux Carmes et aux religieuses qui étoient pour lors à Saint-Amand, et qui ont été, depuis, transportés à Bourges. Le sieur de Persan, en ayant eu avis et prévoyant bien que l'armée du roi les pilleroit, il crut devoir les prévenir. Il ordonna, pour cet effet, une procession générale qui devoit partir des Carmes pour

(1) Lisez : « *Ce passage de troupes eut lieu un samedi* », etc.

(2) Le Châtelet fut assiégé le 25 novembre. (RAYNAL, *Hist. du Berry*, tom. IV, pag. 349.)

aller aux Capucins. Les soldats de Mont-Rond établis pour garder la ville entrèrent pendant la procession dans le couvent des Carmes et des religieuses et enlevèrent tout, jusqu'aux ciboires, dit-on. Ce butin fut estimé cent mille francs, et, au retour, il (1) fit commandement aux bourgeois de sortir dans deux heures, sous peine d'être tous passés au fil de l'épée. Ceux qui s'étoient réfugiés dans le château furent mis hors, sans rien emporter, et les troupes du roi s'étant approchées, les 17 et 18 octobre, ceux de Mont-Rond achevèrent de piller ce qui étoit resté, de peur que les assiégeans, qui avoient déjà pris le faux-bourg du côté des vignes, n'y trouvassent encore quelque chose à piller (2).

Tous les habitans abandonnèrent leur ville et se retirèrent où ils purent; la plus grande partie et les principales familles se réfugièrent à Linières, ou parce qu'ils y avoient des parents, ou parce qu'en payant les impôts on y étoit en sûreté. Il falloit qu'il y eût une grande quantité de pauvres habitans réfugiés en cette ville, puisque, depuis le 5 novembre 1651 jusqu'à la reddition de Mont-Rond, le 10 septembre 1652, on enterra dans l'église et dans le cimetière de Linières plus de 200 personnes sans maladies contagieuses. Outre la guerre, la famine étoit encore dans le pays : il mourut une quantité de personnes considérable de côté et d'autre dans les villages des environs, qu'on enterra auprès des croix pour s'éviter la peine de les porter dans les cimetières.

(1) Le sieur de Persan.

(2) Il n'est peut-être pas inutile de remarquer que ceci se passait n plein milieu du grand siècle, et qu'ainsi la barbarie des mœurs, au moins dans les provinces et durant ces guerres civiles, était encore plus profonde qu'on ne le croit généralement ?

Le siège ne fut pas plutôt mis au château de Mont-Rond, et les retranchements en sûreté, que M. de Palluau, appelé autrement Philippe de Clérembault, depuis maréchal de France, qui commandoit en chef l'armée royale, crut devoir s'assurer de tous les petits châteaux des environs, qui tenoient pour M. le Prince et qui lui appartenoient effectivement. Ce fut pour cela qu'il prit avec lui un corps considérable de troupes et quelques pièces de canon, et qu'il vint mettre le siège devant le Châtelet, où M. de Bar commandoit. Les sieurs de Cluis, du Brouet, les chevaliers d'Agay et de Rodes, avoient chacun une compagnie de gens d'armes au service de M. le Prince, avec laquelle ils tenoient la campagne. Ils se retiroient quelquefois au Châtelet, à Culan, ou en d'autres lieux. Ils s'étoient même rendus maîtres du château de Lisle, où ils mirent le feu le 13 juillet 1650. La moitié en fut réduite en cendres, comme on le voit encore aujourd'hui. M. de Bar étant au Châtelet y épousa la fille du sieur Cormenier, riche bourgeois de Linières, et pour lors fermier du Châtelet.

La nuit du vendredi venant au samedi 25 novembre 1651, le siège fut mis devant le Châtelet, et M. de Palluau, qui y commandoit en personne, manda aux habitans de Linières d'apporter au camp 500 pains de chacun une livre, ce qui fut exécuté promptement, car dès le lendemain, le convoi partit, escorté de trente habitans. On les remercia et on leur en demanda encore autant pour le mardi suivant, avec six boisseaux de farine de froment et un poinçon de vin pour mieux employer la voiture, ce qui fut encore rendu avec pareille escorte à la Croix-Blanche, près le Châtelet, où étoit le quartier du roi, c'est-à-dire le logement du commandant, d'où l'on voyait tirer le canon qui étoit braqué près le pont Boussard et appointé contre le château. Le château du Châtelet fut rendu au roi le 1er décembre, après cinq jours de siège, par les sieurs de Bar, d'Ainay et de Cluis, qui en sortirent par composition avec armes, chevaux et bagages, mais les soldats furent dépouillés par le sieur de Palluau, qui s'en alla coucher avec ses troupes à Loye (1), pour se rendre à Saint-Amand et serrer Mont-Rond de plus près. Les assiégés, en effet, voyant qu'ils n'étoient pas pressés, avoient fait une sortie la même semaine, et avoient mis le feu aux faux-bourgs de Saint-Amand, où les assiégeans s'étoient retranchés. Les habitans de Linières n'en furent pas quittes après le siège du Châtelet, car il fallut envoyer au camp, devant Mont-Rond, des pics, des tranches (2) et d'autres instrumens avec quantité de pionniers et des contributions en denrées et en argent. Le sieur de Bellefontaine, commis pour lever les contributions, vint avec des cavaliers pour les exiger à Linières. Sa compagnie dépensa à l'*Écu* cent une livres dix sols.

Toutes ces contributions n'empèchoient pas que les soldats du camp n'allassent en partie dans la campagne pour piller et enlever les bestiaux. Cependant ils n'entroient point dans la ville de Linières parce qu'on avoit coupé les ponts à vingt ou trente pas de la porte de la ville par l'ordre de M. le comte de Saint-Aignan, commandant pour le roi à Bourges, pour leur couper le passage et empêcher ceux qui auroient voulu aller secourir Mont-Rond de sortir. Cependant on faisoit bonne garde dans la ville, mais les païsans des envi-

(1) Commune d'environ 900 habitants, aujourd'hui canton de Saulzais-le-Potier.

(2) Sortes de bêches. (Comp. notamm. Ordonn. 13 février 1543.)

rons, se voyant ruinés par les courses fréquentes des soldats, s'aguerrirent tellement qu'au lieu qu'ils abandonnoient (1) leurs maisons et se retiroient dans les bois lorsqu'ils entendoient parler d'un soldat, ils alloient ensuite les chercher, les détournoient dans les bois et les poignardoient sans rémission. Ils en jetèrent beaucoup dans l'étang de Villiers, ce qui faisoit dire ensuite qu'on avoit trouvé des brochets qui avoient des os de jambes d'hommes dans les guignes (2).

Un parti de douze ou quinze soldats ayant été surpris par la nuit à Rezé s'étoient retirés dans une grange à Chanceaux (3). Plusieurs paysans de Touchay et des environs, l'ayant su, allèrent les surprendre, leur lièrent les mains derrière le dos et, les ayant conduits dans un bois, les y égorgèrent tous. On dit qu'ils obligèrent un d'entre eux à les égorger, lui promettant la vie, et qu'ils le tuèrent ensuite comme les autres. Cette circonstance n'est pas si certaine que l'action en elle-même, dont j'ai connu (4) jusqu'à dix personnes complices de cette cruelle exécution.

Il se passa, dans la même paroisse de Rezé, une autre action qui n'eut pas des suites moins funestes. Un parti de cinq ou six soldats vint faire le canton de Parcy pour enlever ce qu'ils pouvoient, mais les paysans, qui commençoient à s'aguerrir, les en empêchèrent sans trop d'efforts. Ils envoyèrent sonner le tocsin. Ils se mirent en état de les charger. Les

(1) S. E. dans les premiers temps, avant de s'être aguerris.

(2) Vieux terme désignant les ouïes ou branchies. (Littré.)

(3) « *Lieu dit* » des environs. Un Gilbert de *Chanceaux* a été bailli de Bourges au XIIIe siècle.

(4) Rappelons que c'est toujours Gilles-le-Duc, copié par J. B. Dupré, qui parle. Nous ne sommes point encore arrivés aux mémoires personnels de J. B. Dupré.

soldats se retirèrent sans rien emporter, mais jurèrent qu'ils se vengeroient qu'on eût sonné le tocsin sur eux. Ils revinrent en plus grand nombre dans le même canton où ils pillèrent, brûlèrent et forcèrent tout ce qu'ils rencontrèrent sans qu'il se trouvât assez de monde et, comme si cet endroit avoit dû être le théâtre de la guerre, un autre grand parti étant revenu au même endroit, s'étendit encore plus loin pour voler et piller. M. de Palluau avoit, sur les plaintes qu'on lui avoit faites, défendu aux soldats de sortir des tranchées et avoit permis de faire main-basse sur ceux qui seroient trouvés à voler.

Les habitans de Rezé, Saint-Hilaire et Touchay, se voyant ainsi enlever leurs bestiaux, eurent recours à un gentilhomme de Rezé, nommé M. de l'Etang (1), qui demeuroit dans le bourg. Il se mit à la tête de tous ceux qui s'assemblèrent pour recouvrer leurs bestiaux. M. de l'Etang s'avança pour parler à celui qui conduisoit le parti et voulut composer avec lui pour retirer les bestiaux moyennant une somme d'argent. Les soldats répondirent que la composition étoit au bout de leurs fusils. On leur dit que s'ils ne se rendoient, on alloit les charger. Ils se mirent aussitôt en peloton et en posture de tirer, mais il y avoit quelques paysans de Touchay qui savoient charmer les armes à feu, et qui charmèrent si bien les armes des soldats qu'ils ne purent tirer un seul coup. (Ce

(1) Raynal (tom. IV, pag. 350) reproduit la plupart de ces récits comme les tenant de la *tradition* (?) mais c'est là un mot un peu vague pour des détails aussi précis, remontant à une date relativement aussi ancienne, et tout porte à croire qu'il a puisé, en réalité, plusieurs de ces épisodes dans les *Mémoires* ci-dessus (v. pag. 15, note 2, et pag. 113, note 1), bien qu'il n'ait pas jugé nécessaire de les citer à nouveau chaque fois qu'il s'en est inspiré.

passage est cité, quoiqu'absurde (1) : le nombre des paysans, leur dextérité à tirer, étant en grande partie chasseurs, et la prompte attaque qu'ils firent aux soldats est la seule raison pourquoi il n'en fut pas tué, comme l'histoire le rapporte.) Les paysans, de leur côté, tirèrent sur eux, en tuèrent dix ou douze et en blessèrent autant. Ces mêmes paysans assommoient ceux qui vouloient se sauver partout où ils les trouvoient, si bien qu'il n'en resta presqu'aucun pour en porter la nouvelle au camp, et M. de Clérembault ne fit autre chose que d'envoyer demander les fusils, qu'on lui renvoya. Le lieu où le combat se donna s'appeloit la Chaume de Parcy et depuis ce tems on la nomme la Chaume aux Chiens parce que, dit-on, les chiens y allèrent manger les corps morts qu'on ne se donna pas la peine d'enterrer, n'ayant fait que jeter du bois et un peu de terre dessus, ce qui n'empêcha pas les chiens de les découvrir et de les traîner partout. Ce qui s'est fait en cet endroit s'est bien fait ailleurs. On croit qu'il en périt plus de mille aux environs de Linières. Enfin, après onze mois de siége et dix-huit mois de blocus, le château de Mont-Rond fut rendu par composition ; la garnison en sortit, et on fit sauter les fortifications et par là Linières et ses environs furent délivrés de voisins bien incommodes.

(1) Cette réflexion est entre parenthèses dans notre manuscrit : elle est, ou de J.-B. Dupré copiant Gilles-le-Duc, ou d'un copiste plus récent et plus sceptique qui l'a intercalée incidemment de son propre chef dans le texte qu'il transcrivait.

LIVRE QUATRIÈME

JÉROME DE NOUVEAU

Jérôme de Nouveau, conseiller et secrétaire du roi, grand-maître des courriers et surintendant général des postes et relais de France, seigneur de Fromont (1), avoit épousé dame Catherine de Girard de l'Epinay, sœur de Madame la maréchale de Castelnau, de laquelle il n'eut point d'enfans. Il acheta la terre de Linières, le 11 de juin 1653, de M. le marquis de Nangis, de M. le baron de Lury, de MM. de la Roche-Aymon et de Guerchy, héritiers de Mlle Marie-Françoise de Brichanteau, fille unique de Philippes de Brichanteau, seigneur de Linières, pour la somme de trois cent soixante mille francs. Cette vente fut faite à la charge et des droits et devoirs seigneuriaux et féodaux, censives et autres redevances foncières et anciennes, et à la réserve de la jouissance que la dame épouse de M. de Brichanteau devoit avoir du château pendant sa vie pour son habitation, et de la somme de cinquante-quatre mille livres de rente annuelle constituée par le dit seigneur de Linières à la dite dame Claude de Meaux, son épouse, par leur contrat de mariage et jusqu'au décès de la dite dame.

En conséquence de cette acquisition, M. et Mme de Nouveau, accompagnés de M. et de Mme de Castelnau, firent leur entrée à Linières le 27 du mois de juin 1653.

(1) Sans doute Fromont, aujourd'hui arrondissement de Fontainebleau.

Les habitans de la ville et des paroisses de la terre, au nombre de plus de 500, tant à pied qu'à cheval, armés comme ils purent, conduits par M. de Taillis-Vert, allèrent au-devant d'eux jusqu'aux confins de la terre, vers Mareuil, où l'on mena un poinçon de vin pour donner à boire à ceux qui voulurent. Les dits seigneurs et dames furent conduits par cette milice jusques dans la ville, dont on avoit garni les rues de rameaux, et à la porte, du côté d'Issoudun, on avoit fait couler une fontaine de vin. Ils descendirent à l'église, où on chanta un *Te Deum* en musique de la composition du sieur Peron, chanoine et maître de musique de Linières. Ils furent conduits de là à leur château avec le plus de pompe et de magnificence que l'on put. M. du Plaix étoit allé au-devant des seigneurs pour convenir ou s'offrir de recevoir Madame, comme sa charge de Maréchal de la terre le porte, mais on le remercia, et on lui donna acte de sa présentation, et on se contenta de son offre, en le confirmant, toutefois, dans ses droits et privilèges, comme ont fait les deux dames qui ont fait depuis leur entrée (1).

Ils ne furent pas plutôt arrivés qu'ils prirent la résolution de se bâtir un logement à la moderne, mais ils craignirent de détruire le château qui avoit beau-

(1) D'après une tradition assez originale, le seigneur du Plaix était tenu d'aller ainsi au devant de son nouveau suzerain les jambes couvertes d'un simple caleçon, ou d'un vêtement d'un genre approchant, et de danser la *pantalonnade* en signe de réjouissance. Le manuscrit de M. de Barral porte que ce seigneur était, en pareil cas, *habillé avec un justaucorps, un pantalon, et coiffé d'un bonnet de velours*, mais ne fait allusion à aucune espèce de danse. Le sieur du Plaix était également obligé, paraît-il, de fournir les couverts pour le premier repas des nouveaux seigneurs et de faire fonctions, vis-à-vis d'eux, de maître d'hôtel (le manuscrit de Gilles-le-Duc dit, en effet, *recevoir Madame*, ce qui confirmerait, sur ce point, cette

coup d'apparence, quoique d'une architecture gothique. Cependant ils ne pouvoient le mettre à la moderne sans le ruiner de fond en comble. Ce fut néanmoins le parti qu'ils prirent. M. de Nouveau fit venir de Paris un architecte appelé Levau et le nommé Roy, sculpteur et entrepreneur de Bourges. Ceux-ci lui donnèrent le plan d'un édifice à la moderne, qu'ils lui conseillèrent de bâtir au lieu qu'on nomme à présent la Glacière, à cause de celle qu'il y fit bâtir depuis. La vue en est fort belle et s'étend sur la ville et sur les prairies voisines. Il forma encore un autre projet, qui étoit de construire une maison de chasse au-delà de Saint-Thibaut, entre les étangs de Villiers et de la Chelouze, mais ce dessein fut encore abandonné. On en revint au projet de travailler sur l'ancien château, mais, pour ce voyage, on se contenta d'en parler, et de donner les ordres pour amasser les matériaux qu'on commença à charrier dès le mois d'octobre de la même année 1653. Vers ce même tems, M. et Mme de Nouveau s'en retournèrent à Paris passer l'hiver, où étant ils achetèrent les meubles que Mme de Meaux avoit laissés dans le château. Il n'y avoit rien de considérable qu'une tapisserie de haute lice (1) pour la grande salle, que M. et Mme de Nouveau

tradition) et, comme on avait omis de spécifier en quelle matière devait être ces couverts, on assure que ce seigneur du Plaix, né malin, les fournissait en bois. On ajoute que ce sont Mmes de Jonsac et de Lordat, dont il sera parlé plus loin, qui ont définitivement aboli ces usages, et spécialement la *pantalonnade*, comme peu décente à exécuter dans le costume dont il s'agit, vis-à-vis du sexe auquel elles appartenaient. J'ai relaté cette tradition dans l'*Intermédiaire des chercheurs et curieux* (année 1889, pag. 435), sous le titre : « *Curieux droits féodaux* ». (Paris, rue Cujas, 13, édit. Noblet.)

(1) On sait que la tapisserie de haute lice était celle qui se fabriquait quand le fond sur lequel les ouvriers travaillaient était tendu de haut en bas, et la tapisserie de basse lice celle à fond horizontal.

emportèrent à Paris. Il falloit qu'elle fût belle, car ils étoient difficiles en ameublemens. Le reste des meubles dont on faisoit cas à Linières servoit à peine à leurs valets. Il y avoit cependant une autre vieille tapisserie de haute lice, aux armes d'Amboise, qui avoit été faite exprès pour le lieu, car il y avoit quantité de cartouches chargées de cette inscription : « *Linières » me tient, c'est mon plaisir.* » Elle avoit été faite apparemment par les soins de Catherine d'Amboise. Ce qu'il y avoit de meubles coûta six mille francs.

Pendant le séjour de M. et de Mme de Nouveau à Paris, on fit publier le décret de la terre de Linières au Châtelet de Paris, et partout où besoin étoit, et les dits seigneur et dame, à leur retour à Linières, qui fut au mois de mai 1654, réglèrent toutes les oppositions qui avoient été formées, sans qu'il fut besoin à ceux qui les avoient signifiées de faire aucun frais (1). Les bourgeois et habitans de Linières avoient formé leur opposition pour être conservés dans leurs droits et privilèges, conformément à la transaction faite entre les dits habitans et défunt messire Antoine de Brichanteau, seigneur de Beauvais-Nangis et de Linières, passée devant de Luthe le 11 mars 1610, laquelle ayant été exhibée à M. de Nouveau, il donna ordre à son procureur de recevoir et consentir la dite

(1) Notons, en passant, et à ce propos, que les Archives du Cher, série E, 864, terre de Linières, contiennent une procuration donnée par Jean de La Châtre, écuyer, sieur du Plaix, à Louis Prieur, procureur au Châtelet de Paris, pour s'opposer à la vente par décret de la terre de Linières, Rezé et Thevé, saisie à la requête de Vincent Nollet, chevalier et secrétaire du Roi et de ses finances, sur Jérôme de Nouveau. Cette procédure est de septembre 1653. Elle est utile à consulter à raison des énumérations de possessions, de lieux-dits ou de personnes, ou enfin de droits seigneuriaux de toute nature, qu'elle contient.

opposition par acte passé au château de Linières, présence de Jean de la Châtre, écuyer, sieur du Plaix, et de Claude Betoulat, sieur de la Perrière, le 9 mai 1654.

Messieurs du Chapitre avoient aussi formé leur opposition au décret pour être conservés dans les droits, rentes et redevances qui leur sont dues sur les seigneuries de Linières et Thevé, et dans les honneurs, dixmes et terrages qui leur appartiennent, comme aussi pour conserver les droits et rentes dues au collége de la ville, et M. et Mme de Nouveau en acceptèrent la déclaration et donnèrent ordre à leur procureur de les consentir par acte passé le 7 mai 1654.

Il y avoit un procès commencé depuis longtems entre les seigneurs de Linières et les habitans de Rezé au sujet du droit d'*avenage* consistant en douze boisseaux d'avoine, une poule, et le droit de *guet* que les seigneurs prétendoient leur être dû par chaque chef de famille. Il y avoit en effet des transactions qui les y condamnoient, mais ils s'en étoient fait relever en chancellerie. Ayant été avertis du décret, ils s'y opposèrent pour conserver leurs prétentions et privilèges. Ils s'adressèrent donc à M. et à Mme de Nouveau, les priant de les traiter favorablement. Ils consentirent une transaction le 6 mai 1654, par laquelle ils reconnaissoient que la terre et châtellenie de Rezé est un lieu de franchise et que tous les habitans sont francs-bourgeois à la charge de payer par chef de famille douze sols et une poule par an et trois sols pour le guet. Les habitans, de leur côté, reconnurent que le seigneur et la dame de Rezé ont droit de péage sur les bestiaux qui seront passés par la terre de Linières, tant par les marchands forains que par les habitans, en cas que les bestiaux ne séjournent pas plus de huit jours dans leurs maisons. Ils ont aussi reconnu le droit de rivière et de chasse au dit seigneur, et non à d'autres, et que le moulin est banal, à condition que le meunier ira chercher leur bled et le reconduira en leurs maisons, avec d'autres droits exprimés dans la dite transaction, se réservant encore le dit seigneur la suite de ses gens serfs sur la dite châtellenie de Rezé.

Madame Claude de Meaux, craignant qu'il n'y eût beaucoup de droits perdus à l'occasion de cette vente de la terre, faute aux intéressés de savoir qu'il fallût s'opposer, ou de l'avoir fait, fit un mémoire de toutes les oppositions qui devoient être faites, principalement pour les charges dues aux églises de la terre, comme pour les curés de Saint-Hilaire, de Touchay et de Saint-Christophe. C'est ce que j'ai appris de Madame de Meaux bien des fois que je l'ai vue, un mois avant sa mort.

En même tems que M. de Nouveau s'occupoit des moyens de conserver les droits de sa terre, il ne laissoit pas que de se divertir à la chasse avec tous les gentilshommes du canton. Il avoit trente coureurs dans son écurie et la meute des petits chiens du roi, dont il avoit acheté la charge de capitaine. Ayant envoyé ses coureurs le jour de la Pentecôte reconnoître et détourner les bêtes fauves dans Malvèvre, il partit le lundi, après la messe, accompagné de beaucoup de seigneurs qu'il avoit toujours à sa suite parce qu'il faisoit bonne chère. Ils coururent toute la journée le cerf avec cent chiens et le forcèrent. Ils revinrent fort tard et bien las. On remit les chevaux à l'écurie, où par la négligence d'un palefrenier qui s'endormit et laissa tomber la chandelle dans la paille, le feu prit, et l'écurie, qui n'avoit point d'issue, fut tellement remplie de fumée que les chevaux furent étouffés. Quand on s'en aperçut et qu'on alla rompre la porte, il y en avoit vingt-deux morts, qu'on estimoit plus de six mille francs, et avec eux une haquenée pie (1) dont se servoit Madame et qu'elle estimoit seule plus que tous les autres ensemble. Cet accident arriva le 5 mai 1654.

Nous avons dit plus haut que M. de Nouveau se proposoit de rebâtir son château de Linières à la moderne. Il n'abandonna pas ce projet, et l'exécuta au contraire, mais avant de parler de la reconstruction du nouveau, il sera bon de faire une description de l'ancien, telle que je puis le comprendre d'après les *Mémoires* que j'ai lus et le récit des personnes qui l'avoient vu, entre autres de M. Cheron, autrefois Official de Bourges et maintenant de Paris, qui disoit que l'ancien château, excepté qu'il n'étoit pas couvert d'ardoises, avoit beaucoup plus d'apparence que le nouveau, ce que plusieurs autres personnes m'ont aussi assuré.

L'enceinte du château étoit entourée de larges et profonds fossés. Au-devant de la principale entrée étoit un pont-levis et un portail flanqué de deux tournelles massives, et au-dessus, un pavillon en saillie avec des créneaux. Dans la première cour, à main droite, étoit une haute tour, de même hauteur que l'église, qu'on appeloit la Tour du Guet, d'où on alloit autrefois dans les voûtes de l'église par un pont qu'on jetoit apparemment de la tour ; on aperçoit encore les vestiges de la porte par laquelle on entroit dans l'église ; elle est au-dessus du chœur. A cette tour commençoient de belles écuries, séparées en quatre parties, toutes bien voûtées, avec doubles greniers au-dessus. Tout le bâtiment étoit orné de beaux fénétrages et lucarnes, avec architecture et sculpture

(1) Blanche et noire.

d'hommes et d'animaux, de feuillages, avec armes et devises à l'antique. A main gauche étoient des bâtimens pour les portiers et gens de basse-cour, une grosse tour dont on faisoit la prison, et une grande grange avec d'autres bâtimens commodes.

Après cette première cour on trouvoit un autre grand fossé avec un beau portail à pont-levis flanqué de tours, et un peu au-dessus, à main droite, étoit un gros colombier. Etant entré dans la cour du château ou donjon, on voyoit en face une grosse tour ovale, de soixante pieds de long et de quarante-cinq de large, haute de soixante pieds, toute bâtie de cartellages; elle avoit comme une séparation au milieu, où étoit l'escalier, et chaque côté de la tour avoit quatre chambres les unes au-dessus des autres. Les murailles avoient sept pieds d'épaisseur en base et six en haut. Il y avoit aussi un grand corps de logis avec plusieurs tournelles et pavillons, où il y avoit en bas une grande et magnifique salle extrêmement élevée, avec grands fénétrages comme ceux d'une église, deux chambres au-dessus et, de côté et d'autre, quantité de chambres et appartemens beaux et commodes, auprès desquels étoient les offices et les cuisines. Du côté droit, en entrant, il y avoit encore un petit corps de logis qui ne le cédoit point au reste des appartemens, mais tout cela étoit d'architecture gothique.

D'abord M. de Nouveau ne pensa qu'à faire un gros pavillon à la moderne à la place de cette grosse tour, seulement pour se loger, et il vouloit laisser le reste des bâtimens pour ses domestiques, ne se proposant de dépenser que vingt mille écus. Dans ce dessein il fit marché avec maître François Levau, architecte ordinaire des bâtimens du Roi et de Son Altesse Royale Mademoiselle, demeurant à Paris, le 9 mai 1654, pour détruire la grosse tour, et faire à la place un corps de logis en se servant des anciens matériaux et le seigneur devoit fournir sur place ceux qui seroient nécessaires au surplus, moyennant la somme de cinquante mille livres payables à proportion du travail, qui devoit être achevé à la Toussaint de l'année 1656.

Ce premier marché étoit pour faire le grand corps de logis depuis l'escalier vers le... (1), de la manière qu'il est aujourd'hui, et on réservoit l'ancienne grande salle qu'on devoit élever et couvrir comme le corps de logis. Il paroit que cette grande salle étoit où sont à présent la chapelle et la galerie, qui ne lui cède probablement guères en grandeur. Il y eut un différent entre le seigneur et l'architecte sur une des clauses du marché que voici :

Et fournira le dit entrepreneur toutes peines généralement quelconques, pour accomplir la perfection des dits ouvrages de maçonnerie, charpenterie et couverture, et non autre chose, sauf qu'il fournira toute la latte et contrelatte, et (tout le) clou de latte, et ardoise, tant pour le logis neuf que pour l'ancien, qui serait nécessaire à la dite couverture, et toutes les autres matières et matériaux généralement quelconques lui seront par le dit seigneur fournis sur les lieux avec tous les bois de sciage, etc.

L'entrepreneur avoit fait mettre dans sa grosse un *d* devant ardoise, pour dire (tout le) clou de latte et *d*'ardoise, ne voulant par là être obligé qu'à fournir *les clous d'ardoise* et le seigneur, au contraire, prétendoit que l'entrepreneur devoit fournir *l'ardoise*. Le différent étoit considérable pour une lettre, mais en recourant à la minute, il ne se trouva point de *d*, ce qui le termina.

Depuis ce tems-là on ne cessa de travailler à la construction du nouveau bâtiment, et en juillet 1656, le

(1) Ici, le copiste a passé un mot, apparemment demeuré illisible pour lui dans le manuscrit plus ancien.

grand corps de logis étoit couvert, et les portes et fenêtres posées, mais on changea de dessein pour la grande salle : on avoit voulu l'épargner, mais elle fut condamnée à être détruite, aussi bien que la grosse tour. On commença à bâtir à sa place la chapelle et ensuite la galerie avec les offices dessous, qui furent à leur perfection en 1656, et en 1660 on bâtit ces deux gros pavillons qui flanquent la porte d'entrée.

Ce fut vers 1657 que M. de Nouveau fit aussi marché pour remplir les anciens fossés et en construire de nouveaux, avec le nommé Larivière, fontainier, demeurant à Paris, pour la somme de dix-huit mille francs. Je crois pourtant qu'ils ne furent pas sitôt achevés, car ils ne purent l'être qu'après que le château eût été entièrement bâti. On dit qu'ils ne le cèdent en beauté qu'à ceux du château de Richelieu : encore ceux-ci sont-ils moins larges que ceux de Linières, qui ont jusques à quatorze toises de largeur (1). Après que le bâtiment fut entièrement achevé, on lui trouva un défaut considérable, qui est que le milieu par devant n'est pas le milieu par derrière, ce qui est choquant quand on entre dans le vestibule. Ce défaut choqua tellement M. de Castelnau, beau-frère de M. de Nouveau, quand il vint voir le château pour la première fois, qu'il vouloit tuer l'entrepreneur, et il n'osa paroitre devant lui pendant qu'il fut à Linières, mais il fut bientôt hors de crainte, car, peu de temps après, ce seigneur étant parti de Linières, reçut un coup de mousquet à Dunkerque dont il mourut, et le roi, pour le récompenser, lui envoya le bâton de maréchal au lit de la mort.

(1) Ajoutons que ceux de Linières sont revêtus en maçonnerie, avec un cordon de pierres de taille.

Les canaux qui sont autour du parterre, et principalement celui qui conduit la rivière au moulin, furent dressés en l'état où ils sont aujourd'hui pendant l'année 1657. On aplanit le terrain du parterre et du jardin potager, et pour en prendre les compartimens, M. de Nouveau fit venir de Paris M. Le Nôtre, ingénieur des jardins du roi, mais ce projet n'a point été exécuté (1). Tout ce qu'on planta, cette année 1663, gela presqu'entièrement, et on n'a rien rétabli depuis, si bien que le parterre est devenu un pré avec le tems, si ce n'est qu'il reste encore beaucoup d'arbres fruitiers de bonne espèce qu'on y avoit fait planter. On espéroit faire un grand parc qui devoit prendre depuis le jardin le long du grand chemin jusqu'au moulin de l'Ecorse, et la muraille du jardin en est un commencement. M. de Nouveau avoit commencé à acheter plusieurs pièces de terre appartenant à différens particuliers, et ce qu'il ne pouvoit payer, comme des rentes foncières et des deniers de cens, il les transporta sur d'autres héritages, et se chargea de les payer, comme il fit la rente et le cens qui étoient dus au chapitre sur des héritages situés au même lieu, et qu'il transporta sur le pré des *Ouchettes* (2), qu'il venoit d'acquérir.

Madame de Nouveau, dans une maladie qu'elle fit, fit vœu d'aller en pèlerinage à Notre-Dame-de-Lorette, en Italie. Après sa guérison, trouvant une grande dif-

(1) Le manuscrit de M. de Barral énonce toutefois, je ne sais sur quel fondement (pag. 40), que Le Nôtre aurait effectivement tracé des jardins dont, d'ailleurs, dit M. de Barral, il ne reste plus aujourd'hui de vestiges.

(2) Les expressions : *ouche*, *ouchette*, dans le langage du Centre, désignent une pièce de terre, un champ, auquel se rattache une certaine idée de culture et de fertilité. (Bas. lat. *olcher*, du celtique *olca*, d'après saint Grégoire de Tours (VIe siècle).

ficulté à exécuter son vœu, elle le fit commuer. On estima la dépense qu'elle auroit faite à huit mille francs, et elle fut chargée d'en faire une fondation dans quelque église dédiée à la Sainte-Vierge. M. et Mme de Nouveau eurent besoin d'une grande fermeté pour résister aux sollicitations de plusieurs moines qui désiroient tous que la fondation se fît chez eux, mais ils préférèrent le chapitre de Linières, dont ils sont fondateurs et collateurs. Par la fondation, ils chargèrent les chanoines de célébrer trois messes solennelles chaque semaine, une le lundi, du Saint-Esprit pendant sa vie et de *Requiem* après sa mort, une le jeudi, du Saint-Sacrement, avec un salut le soir du premier jeudi de chaque mois, avec la bénédiction du Saint-Sacrement, et une autre messe, de la Vierge, avec un salut et les litanies, tous les samedis. Il assigna pour cela sur sa terre de Linières quatre cents livres de rentes ou huit mille francs une fois payés : c'est tout ce qui est resté de la succession de ce seigneur.

M. de Nouveau s'étoit vu un des plus riches seigneurs du royaume. On dit qu'il ne le cédoit point au roi même pour la richesse de son argenterie et la délicatesse de sa table. Il avoit un nombreux domestique et, sur la fin de sa vie, il avoit presque tout perdu. Le roi retira d'abord ses postes et relais dont il étoit surintendant, et s'en remit en possession, sans dédommagement qu'une petite somme qu'on lui paya par an jusqu'à sa mort. Il avoit des rentes sur la Maison de Ville de Paris qui furent réduites. Je crois qu'on lui ôta encore la charge de Capitaine des petits chiens : enfin il se trouva presqu'entièrement dépouillé. Il pensoit à vendre sa terre de Fromont et tous ses meubles précieux, qu'il estimoit un million, et après avoir payé ses dettes, il espéroit qu'il lui resteroit encore quatre-vingt mille livres de rente qu'il se proposoit de venir dépenser à Linières, mais la mort le prévint le 24 août 1665. Il mourut d'un abcès occasionné par une chute de cheval. Comme il vouloit l'essayer devant sa maison, à la place Royale, il en fut renversé et contracta la maladie qui le fit mourir. Il fut inhumé dans l'église des Minismes de la place Royale.

La nouvelle de cette funeste mort causa bien du déplaisir aux habitans de sa terre de Linières, à qui il avoit fait beaucoup de bien, et qu'il avoit gouvernés avec beaucoup d'équité depuis 1653 jusqu'en 1665, l'espace de douze ans. Il étoit bon, familier et charitable, s'appliquant à faire rendre justice à chacun. Comme il avoit beaucoup de crédit, il fit décharger ses vassaux d'une partie des tailles et gabelles.

Aussitôt après sa mort, Madame de Nouveau envoya ordre de donner des plus précieux meubles du château à des personnes qui vinrent de la part de Madame la Maréchale de Castelnau, sa sœur (1), qui les enlevèrent. Le reste fut ensuite vendu par M. et Mme de Matha (2), (sœur de M. de Nouveau), qui avoient fait porter héritier un enfant sous bénéfice d'inventaire, car ils ne vouloient pas se dire héritiers purs et simples à cause des dettes. Il y avoit encore une autre sœur appelée Mme de Montrollier (3), qui ne parut point.

On établit à Paris un syndicat de direction de la succession, à la tête duquel étoit M. le Comte d'Avaux,

(1) Les mots : « *sa sœur* » se rapportent à Madame et non à M. de Nouveau. V. pag. 163.

(2) Cette famille *de Matha* devait être des environs de Saint-Jean-d'Angély, aujourd'hui Charente-Inférieure.

(3) Ou plutôt peut-être de *Montrollet,* aujourd'hui arrondissement de Confolens (Charente).

mais les frais énormes de justice, la dilapidation des effets les plus précieux par les personnes intéressées à la succession, et le nombre excessif des créanciers (qui contenoient trente rôles imprimés) firent qu'on ne put satisfaire à tout.

Au tems de la domination de M. de Nouveau à Linières, MMgrs de Lévis-Ventadour et de Montpesat de Carbon, ont été patriarches-archevêques de Bourges, M. François Groguet, doyen de Linières, Pierre Biet, lieutenant-général à Bourges, Claude Dorsanne à Issoudun, François Toudre, bailli de Linières ; plusieurs personnes gouvernèrent les affaires du château : un nommé Dupuis de Castelnau, un autre appelé Debois Martin, un M. de Beaulieu, et enfin un M. de Marbeuf, sieur de Mamau, écuyer, qui fut reçu capitaine du château en 1660 et qui n'en partit qu'après l'acquisition faite par Madame la Princesse Palatine.

Ce qui s'est passé de plus remarquable dans le tems dont nous parlons a été l'établissement des religieuses Ursulines. M. Groguet, ayant bâti dans le fauxbourg de Linières, une chapelle en l'honneur de Notre-Dame de Liesse, dès l'an 1639, comme nous l'avons dit (1), eut dévotion d'y placer des religieuses pour l'instruction des filles. Il offrit aux religieuses de la Visitation de la Châtre, dont il étoit supérieur, de venir s'y éta-

(1) Pag. 143. A l'occasion de ce renvoi, nous devons dire qu'en énonçant, à la note de cette pag. 143, qu'il existe des traces d'un souterrain dans l'ancien bâtiment des Ursulines, nous avons été induit en erreur. De renseignements tout récents à nous parvenus, il résulte qu'ayant présumé qu'il pouvait y avoir, à un certain endroit, sous un carrelage, un caveau funéraire ou toute autre excavation, on a fait creuser à cette place, mais sans y découvrir quoi que ce soit. A deux mètres environ de profondeur, le terrassier employé à ce travail a même commencé à trouver l'eau, ce qui témoigne qu'il devait être impossible d'établir un souterrain dans un sol de cette nature.

blir, mais soit qu'elles ne voulussent pas se charger de l'instruction, ce qui n'est pas de leur Institut, ou par quelqu'autre motif, elles le refusèrent. Il tourna ses vues d'un autre côté, et après en avoir conféré avec M. et Mme de Nouveau et avoir ménagé leur consentement, dont il avoit besoin pour cet établissement, il fit venir des religieuses Ursulines de Loches en Touraine et les fonda dans la dite chapelle, leur donnant tout ce qu'il possédoit en fonds et meubles avec certaines conditions pour la subsistance de ses parens pendant leur vie. L'acte de donation et fondation est du 26 juin 1664. Le seigneur avoit donné son consentement le 22 septembre 1663. Le chapitre fit difficulté de donner le sien, mais enfin il fit une transaction par laquelle on donna au dit chapitre six livres de rente annuelle, pour le droit de patronage, les oblations et autres prétentions que le chapitre pouvoit avoir sur la dite chapelle. Les habitans y donnèrent aussi leur consentement. Tous ces actes furent confirmés, et les religieuses établies par MM. les grands vicaires de Bourges, le siége vacant, et M. et Mme de Nouveau obtinrent l'agrément du roi par lettres patentes du mois de juillet 1664. Mgr de Montpesat, qui remplit peu de tems après le siége de Bourges, prétendit que cet établissement étoit illégitime parce qu'il avoit été fait pendant

Des mêmes renseignements à nous adressés tout nouvellement, il ressort également que ce ne serait point sous la Terreur, mais au temps des guerres de religion, qu'on aurait, d'après la légende, vainement tenté de couler au fond de l'eau une ancienne statue de N.-D. de Vaudouan (pag. 138). Sous la Terreur, cette antique statue, qui était en bois (ce qui expliquerait tout naturellement, entre parenthèses, qu'elle ait surnagé lors des précédentes profanations), aurait, au contraire, été détruite par certains iconoclastes de l'époque, qui auraient pris le parti de la brûler pour arriver à la faire disparaître.

la vacance du siége, et refusa des lettres de confirmation.

Cependant M. Groguet, se voyant dépouillé de tout ce qu'il possédoit, ne tarda pas à se repentir de ce qu'il avoit fait. Il auroit bien voulu pouvoir révoquer sa donation pour établir, dit-on, un collége, mais Madame de Nouveau l'en empêcha. Il vint bientôt après à mourir et les choses restèrent en leur état. Enfin, après plusieurs sollicitations, l'archevêque de Bourges donna ses lettres de confirmation le 21 mars 1667. Les religieuses se logèrent comme elles purent dans quelques vieux bâtimens joignans la chapelle et qu'elles accommodèrent de leur mieux, jusqu'à ce que M. de la Vrillière, à présent archevêque de Bourges, leur eût fait construire le beau bâtiment qui subsiste aujourd'hui. Il se servit pour cela de son architecte ordinaire, appelé Jacques Bullet (1), qui a donné les dessins du Séminaire de Bourges, de l'Archevêché et du château de Turly. Les dessins du père au sujet du bâtiment des religieuses furent exécutés par le fils. La première supérieure fut la mère Louise Pallu ; la communauté est aujourd'hui composée de trente-cinq religieuses. Le bâtiment a coûté vingt-cinq mille francs ; les religieuses ont, de plus, entouré leur enclos de bonnes murailles, et payé six mille francs pour l'amortissement de leurs premiers fonds. Tout cela a été le fruit de leur travail et de leur économie.

(1) Pierre, et non Jacques Bullet, a attaché son nom, à Paris, à la Porte Saint-Martin, à l'église Saint-Thomas-d'Aquin et au quai Pelletier. — Qui se doute aujourd'hui, à Linières, de ces rapprochements et coïncidences ?

MADAME LA PRINCESSE PALATINE

Anne de Gonzague de Clèves, fille de (1) Charles, duc de Nevers, de Rethelois, de Mayenne, souverain de Charleville, et, depuis, duc de Mantoue et de Monferrat, sœur de la princesse Louise-Marie, reine de Pologne, veuve de haut et puissant seigneur et prince Edouard de Bavière, prince palatin du Rhin, acheta la terre de Linières des directeurs de la succession de M. de Nouveau, le 9 août 1668. Quoique cette terre ait toujours été possédée par de grands seigneurs, on peut dire néanmoins qu'ils ne peuvent être comparés aucunement avec cette sérénissime princesse, une des plus illustres, non seulement de la France, mais encore de toute l'Europe. Outre qu'elle tiroit son origine des Empereurs de Constantinople Paléologues, elle étoit fille d'un des plus puissans, des plus riches et des plus vertueux princes de son tems. Le père du Prince Palatin, son époux, étoit roi de Bohême (2), ses deux beaux-frères, Ladislas et Casimir (3), rois de Pologne, sa tante reine d'Angleterre, sa marraine reine de France et sa nièce impératrice. Si cette princesse étoit si considérable par son origine et ses alliances, elle ne l'étoit pas moins par son génie, car c'étoit elle qui traitoit les affaires d'Etat et qui gouvernoit l'esprit du roi et de la reine-mère Anne d'Autriche, sa marraine, étant surintendante (4) de sa maison pendant la

(1) Et de Catherine de Lorraine.

(2) C'était l'Electeur Frédéric V.

(3) Jean-Casimir.

(4) Ces mots : « *étant surintendante* » se rapportent naturellement à la Princesse Palatine elle-même.

minorité du roi. Elle a eu encore beaucoup de part aux affaires d'Allemagne, tant auprès de son beau-frère, l'Électeur Palatin, qu'auprès de son gendre, le duc de Brunswick.

Cette auguste princesse, après avoir eu tant de parens élevés à la royauté, *pensa bien elle-même y monter, mais bien peu de personnes en ont connoissance avec moi* (1). Casimir, roi de Pologne, qui, après la mort de Ladislas, son frère (2), fut élu par les intrigues de la reine, l'épousa par dispenses quoiqu'elle fût veuve de son frère. Pendant qu'elle vécut, son gouvernement fut toujours florissant et ses armes victorieuses, mais, après le décès de la reine, son épouse, il abdiqua la couronne, malgré les prières des palatins et des grands du royaume (3). Il se retira en

(1) Aucun des grands recueils biographiques ou autres que nous avons pu parcourir (Bouillet, Larousse, Michaud, etc.) ne mentionne, en effet, ce qui va suivre, bien que plusieurs fassent allusion à d'autres projets de mariage non réalisés par Anne de Gonzague. Il en résulte que, comme l'avance Gilles-le-Duc, non sans quelque fierté de s'être trouvé dans la confidence, bien peu de personnes ont dû être au courant de cet épisode de l'existence de cette princesse et de son rattachement à sa conversion aux idées religieuses. Nous n'y avons pas non plus trouvé d'allusion dans les Histoires générales de France que nous avons été à même de consulter. Enfin, les prétendus *Mémoires de la princesse Palatine*, par Senac de Meilhan, ne comprenant, d'ailleurs, que la première partie de la vie d'Anne de Gonzague, n'en parlent pas non plus, du moins dans l'édition de Paris-Londres, 1786.

(2) 1648.

(3) 17 septembre 1668. — Plusieurs sénateurs, dit-on, versèrent des larmes. On offrit à Casimir tout le repos possible, et on ne lui demandait que de conserver la couronne ; on lui prodigua les assurances du plus entier dévouement. Mais le roi remercia de l'intérêt qu'on lui témoignait et persista dans sa résolution. On lui rendit, pour la dernière fois, les honneurs dus au rang qu'il quittait, etc. (V. notamm. *Hist. de Pologne*, de Marlès, Tours, 1860, chap. III, pag. 74 et suiv.)

France et les Polonois élurent le roi Michel (1) dont ils ne furent pas contents (2). Ce prince n'ayant régné que peu de tems, Casimir fut sollicité de reprendre la couronne. Les mesures en étoient prises secrètement et il vouloit épouser Madame la Princesse Palatine, sa belle-sœur (3), et il en avoit obtenu dispense du pape. Je le sais d'un nommé Bernard, son valet de chambre (4), qui avoit été à Rome pour cela et à qui sa maîtresse fit donner pour récompense une charge de valet de chambre chez Monsieur. Pour célébrer le mariage sans éclat, le roi de Pologne prit prétexte de venir aux eaux de Bourbon et Madame la princesse vint en cette ville, dans son château, où le roi de Pologne devoit venir l'épouser, *et je garde encore des bougies qui étoient destinées pour servir en cette occasion*, mais le roi de Pologne tomba malade à Nevers et y mourut le 16 décembre 1672 (5). Il fut mis en dépôt dans l'église des Jésuites de Nevers avec beaucoup de cérémonies jusqu'à ce que les palatins de Pologne vinssent chercher son corps pour l'inhumer dans la sépulture de leurs rois (6), et son cœur

(1) Michel Koribut Wisniowiecki.

(2) Casimir lui-même, en apprenant l'avénement de son successeur, ne put retenir cette exclamation : « Quoi ! ils ont élu ce pauvre » homme ! »

(3) La femme défunte de Ladislas, puis de Casimir, était une princesse de Gonzague et de Néris, sœur de la princesse Palatine.

(4) Valet de chambre, non de Casimir, mais de la princesse, comme l'indiquent un peu plus bas les mots : « *sa maîtresse* ». Le style de Gilles-le-Duc prête assez fréquemment à ces équivoques, que dissipe d'ailleurs presque toujours la lecture des lignes qui suivent.

(5) Il avait alors 63 ans ; la princesse Palatine en avait environ 56 à cette même époque. Elle a vécu jusqu'à 68 ans.

(6) A Cracovie.

fut porté à Saint-Germain-des-Prés dont il étoit abbé (1).

Cette mort inopinée du roi de Pologne fit faire à la princesse de sérieuses réflexions sur la vanité des choses présentes. Un songe qu'elle eut aussi vers ce temps là (et dont les circonstances sont racontées dans son *Oraison funèbre* par M. l'évêque de Meaux (2), lui fit une telle impression qu'elle commença dès lors à se retirer du monde et à penser à son salut. Elle vint pourtant encore une fois à Linières depuis ce tems là. Une autre personne qui écriroit ceci et qui sçauroit aussi bien que moi le dessein de son voyage le pourroit

(1) Louis XIV avait donné à Casimir, non-seulement cette abbaye de Saint-Germain-des-Prés, de Paris, mais encore celle de Saint-Martin, de Nevers. — Jean-Casimir a laissé dans l'histoire le souvenir d'un monarque à la fois doux et brave, affable, éclairé : il lui manquait plutôt l'esprit de direction et d'application aux affaires, mais on conçoit qu'il ait laissé des regrets dans son ancien royaume, après sa noble et digne abdication, et il n'est pas invraisemblable qu'en suite de la mort du roi Michel, il ait été sollicité de reprendre la couronne.

(2) Bossuet ne relate, comme origine de la conversion de la Princesse Palatine, que ce songe, raconté par elle à M. de Rancé, le célèbre abbé de la Trappe (vision et colloque avec un aveugle-né, dans une cabane, au milieu d'une forêt), mais avec combien plus d'intérêt historique et de connaissance de l'esprit particulièrement intrigant de cette princesse, le vieux doyen de Linières n'y ajoute-t-il pas le dépit d'une royauté manquée ? Rien ne vaut, à un certain âge, une dernière déception pour nous ramener à la pensée de l'infini, en nous rappelant brutalement l'insuffisance du monde actuel. L'évêque de Meaux, qu'il ait connu ou non l'histoire du projet de mariage brisé par une mort inopinée, est resté, pour expliquer le retour de la Princesse Palatine à la religion, dans la version du songe providentiel et d'une intervention de la grâce, et il en a tiré tout le parti que devait en tirer sa haute éloquence, mais le motif, plus humain, de Gilles-le-Duc, motif qu'aucun commentateur de Bossuet, à notre connaissance, n'a dû mettre en lumière, n'éclaire-t-il pas curieusement ce point de la biographie d'Anne de Gonzague de Clèves?

dire, mais, quant à moi, je me contenteroi de dire (1) qu'elle vint ici sur la fin de septembre 1676. Elle m'avoit envoyé ici la même année pour faire du bien aux pauvres et aux églises de sa terre. Elle fit distribuer mille livres aux pauvres et donna au chapitre les ornemens de brocart à fond d'argent dont on se sert aux grandes fêtes. Elle les avoit fait faire aux gens de sa suite, qu'elle occupoit à ces pieux ouvrages (2). Elle en envoya pareillement à toutes les paroisses de cette terre. Elle mourut au mois de juillet 1684. Quoiqu'elle ne fût plus alors dame de Linières, le Chapitre ne laissa pas de faire un service solennel auquel assistèrent la justice, les échevins et le peuple, en reconnoissance de ce qu'elle les avoit aimés et protégés tout le tems qu'ils avoient eu l'honneur de lui appartenir.

La domination de cette illustre dame à Linières a duré depuis le 6 août 1668 jusqu'au 2 septembre 1683, pendant lequel tems elle n'a cessé de donner des marques de sa bienveillance aux habitans de cette terre. Entre autres charités qu'elle faisoit à l'exemple de ses ancêtres, elle maria tous les ans une pauvre fille à qui elle donnoit cent dix francs (3). De son tems, M. de Montpesat étoit archevêque de Bourges,

(1) Cette réserve s'explique apparemment par quelque secret de confession ou d'honneur que la princesse avait demandé à notre historien de Linières de ne point trahir.

(2) « Les mains, industrieusement occupées, s'exerçaient dans des » ouvrages dont la piété avait donné le dessin : c'étaient ou des » habits pour les pauvres, ou des ornements pour les autels. » *(Oraison funèbre.)*

(3) Bossuet rappelle également ces traditions de bienfaisance : « Le » duc, son père, avait fondé dans ses terres de quoi marier, tous les » ans, soixante filles..... la princesse, sa fille, en mariait aussi tous » les ans, ce qu'elle pouvait.... »

M. le prince de Marsillac étoit gouverneur de Berri, M. Biet lieutenant-général à Bourges, M. René Dorsanne lieutenant-général à Issoudun, Maître Gilbert Douté (1), bailli de Linières, Maître Pierre Guillot, procureur fiscal, et moi. qui écris ceci (2), doyen de Linières. Je pris possession le dernier jour de l'année 1675, et succédai ainsi à M. Blaise. Ce fut M. l'abbé Duval, dans l'étendue de l'abbaïe duquel j'étois auparavant curé, qui me présenta à Madame la Princesse Palatine et qui fut ainsi cause que je passai à cette place que j'occupe encore aujourd'hui. J'oubliois de dire que, quelque tems avant que je vinsse ici, Mgr le prince de Condé défunt, étant venu en Berri pour établir le Chapitre du Bourg-Dieu, passa par Linières et logea au château, pour visiter cette terre, et en donner avis (3) à Madame la princesse, espérant qu'elle pourroit tomber un jour à Monsieur le duc, son fils, gendre de Madame la princesse (4), qui auroit réuni plusieurs grandes terres depuis Moulins jusqu'au Blanc, mais la chose n'a pas réussi comme ils le pensoient, car Madame la princesse la vendit quelque tems avant sa mort (5) à M. Colbert, comme nous l'allons dire dans l'article suivant.

(1) Déjà nommé, pag. 150, à propos de la chapelle de Saint-Nicolas.

(2) Lisez : Moi, Gilles-le-Duc. — V., pag. 21 des présents *Mémoires*) la liste par ordre chronologique de ces doyens du chapitre.

(3) C'est-à-dire donner son avis, son appréciation sur sa valeur.

(4) Henri-Jules de Bourbon, duc d'Enghien. Nous avons vu, pag. 179, qu'un autre gendre de la princesse fut Jean-Frédéric, duc de Brunswick et de Hanovre.

(5) Elle mourut en 1684.

MONSIEUR & MADAME COLBERT

M. Colbert, à qui son génie a fait donner le surnom de grand, chevalier, marquis de Châteauneuf-sur-Cher, baron de Sceaux, conseiller du roi, secrétaire d'Etat, contrôleur général des finances, intendant des bâtiments du roi et des manufactures de France, acquit la terre de Linières, le 2 septembre 1683, de Madame la Princesse Palatine, pour la somme de trois cent dix mille francs. Il est à remarquer que cette princesse l'avoit achetée quatre cent cinquante mille livres, et il est difficile de comprendre comment elle avoit pu perdre sur une terre seule 140,000 livres (1).

Les habitans de cette terre, apprenant que M. Colbert en étoit seigneur, conçurent beaucoup d'espérance de sa protection, d'autant qu'ils savoient qu'il avoit fait beaucoup de bien à Châteauneuf depuis qu'il en étoit seigneur, et notamment (2) qu'il avoit fait diminuer les tailles des deux tiers. Il avoit fait faire la levée et les ponts de Châteauneuf, et comme il

(1) Observons, à notre tour, que M. de Nouveau l'avait achetée seulement 360,000 francs (pag. 163). Il est vrai qu'il y avait fait, depuis lors, de notables améliorations et reconstructions. Peut-être, malgré la plus-value résultant de ces travaux, le syndicat de direction de la succession de M. de Nouveau avait-il spéculé quelque peu sur le rang et sur la fortune de la sérénissime Princesse Palatine pour lui céder cette terre un peu au-dessus de sa valeur réelle et acquise, de sorte qu'Anne de Gonzague devait nécessairement se trouver en perte en la revendant à un calculateur comme le contrôleur général des finances Colbert, qui se connaissait en terres et en bâtiments.

(2) Le mot *notamment* était nécessaire ici, car Colbert se créa encore à Châteauneuf plus d'un autre titre à la reconnaissance du pays. On peut lire un résumé de ces titres dans l'*Essai de bibliographie berruyère* de M. Rollet, aux *Mémoires de la Société historique du Cher*, année 1886, pag. 202.

vouloit rendre service au pays, il avoit dessein d'y faire passer la route de Toulouse et d'y établir la poste. C'étoit pour cela qu'il avoit fait paver le chemin depuis La Châtre jusqu'à Bourges. Comme on se repaissoit de grandes espérances, on apprit sa mort, qui arriva deux jours après son acquisition. Il reçut le même jour l'extrême-onction et mourut le surlendemain des douleurs d'une colique néphrétique. Il fut inhumé, avec la qualité de baron de Linières, dans l'église de Saint-Eustache, sa paroisse, où on lui a élevé un fort beau mausolée.

Madame Colbert, qui s'appeloit Marie Charron, voyant l'estime que son mari avoit conçue pour cette terre, et les desseins qu'il avoit formés à son sujet, crut devoir la prendre dans son partage, et prit aussitôt la résolution de l'aller visiter, comme elle me l'assura lorsque j'eus l'honneur de la saluer au mois de février 1684. Elle vint ici, en effet, sur la fin d'août de la même année. Elle y fut reçue, avec tous les honneurs dus à sa qualité, par le clergé et les autres ordres de la ville. Elle y resta environ trois semaines, ayant avec elle une jeune personne appelée Mlle de Chevreuse, depuis mariée à M. le prince de Tingry, qui s'appelle aujourd'hui M. le duc de Montmorency, fils de M. le Maréchal de Luxembourg, général de l'armée de Flandre. Elle trouvoit de jour en jour son château plus agréable. Elle étoit très contente des ameublemens et des honneurs qu'on lui faisoit. Pendant son séjour à Linières, elle fit faire le service anniversaire de son mari, qu'on fit avec le plus de solennité possible.

Dans le même tems, elle accorda très obligeamment au Chapitre un titre d'affranchissement pour une pièce de terre appelée le Genêt-Martin, auprès de la forêt de Rossine (1), qu'on vouloit assujettir à payer le terrage, quoiqu'il y eût plus de six vingts ans qu'on ne l'avoit payé. Elle fit aussi accord avec le Chapitre pour le droit de bourgeoisie de la paroisse de Verneuil, qui étoit disputé, ainsi que pour celui de la première foire de mai, et donna en échange une rente de douze livres par an (2).

Pendant que Mme Colbert étoit à Linières, Mgr Phelippeaux de la Vrillière y vint faire sa visite. Il logea dans le château. Il lui prit envie d'établir un petit séminaire pour y établir des jeunes gens, suivant l'esprit du Concile de Trente. Il fit venir pour cela deux directeurs de Paris, fit la dépense des meubles pour cet établissement, choisit des enfants au nombre de vingt, dont il y avoit huit ou neuf de cette ville, et loua une maison où il les logea tous. Il revint le jour de Saint-Martin pour y faire commencer les exercices, mais ce séminaire ne subsista que deux ans, pendant lesquels il y avoit jusqu'à trente ecclésiastiques à l'office les dimanches et fêtes. M. l'Archevêque les transféra à La Châtre, où ils restèrent aussi deux ans, puis les en retira pour les attirer à Bourges.

(1) Aujourd'hui encore, il existe, dans la contrée, une brande dite de *Rossine*, où se voient des genêts (comme ceux qui durent donner leur nom à la terre affranchie), des bruyères, etc.

(2) Ce titre d'affranchissement du Genêt-Martin et l'acte de transaction dont il est ensuite parlé ne paraissent pas se trouver aux Archives du Cher, mais on y possède, en revanche, comme document se rapportant à cette période (série E, 864), une sentence des requêtes du Palais, du 17 janvier 1685, confirmative des droits dus à la terre du Plaix et rendue au profit de Claude de La Châtre, sieur du Plaix, s'opposant à la vente par décret de la terre et baronnie de Linières, saisie sur Marie Charron, veuve de Jean-Baptiste Colbert, marquis de Châteauneuf. On voit que Gilles-le-Duc ne fait point allusion à cette procédure de saisie, qui paraît n'avoir pas eu de suite, probablement à raison de quelque arrangement intervenu.

Durant son premier voyage, Madame Colbert s'étoit tellement plu à Linières, qu'elle se proposoit d'y revenir après l'hiver passé. En effet, l'année 1685, elle donna des ordres pour de nouveaux meubles, ayant résolu de partir le lendemain de Quasimodo, mais elle tomba malade le samedi précédent, dans son hôtel, à Paris. Elle s'aperçut aussitôt qu'elle mourroit de cette maladie. Elle manda son confesseur et son conseil, et fit son testament par lequel elle donnoit sa terre de Linières à son fils (1), appelé M. le comte de Seeaux, à condition néanmoins que si M. le Marquis de Seignelay, son fils aîné, la vouloit, il pourroit la prendre mais en donnant à son frère 350,000 livres en autres terres. Elle fit un autre legs pieux fort considérable et fort utile : elle donna un fonds pour nourrir et entretenir six jeunes écoliers dans un séminaire, qui se destineroient au sacerdoce, pour les instruire depuis la philosophie. Elle légua cent écus pour chacun d'eux au denier vingt-quatre, et donna la nomination de cinq de ces jeunes gens à l'aîné de la maison Colbert, et le sixième à la nomination de la communauté qui se chargeroit de l'exécution du legs. M. l'archevêque de Bourges se chargea du fonds, et en amortit des rentes que son clergé devoit, au denier quinze ou seize. Cette fondation a été, depuis, réduite à trois places seulement, qu'on appelle *Colbertines*.

Ce legs m'en rappelle un autre que M. Colbert avoit aussi fait par son testament, par lequel il ordonnoit de constituer une rente de mille livres par an, pour marier vingt pauvres filles des terres de Château-neuf et de Linières. Il est vrai que cette fondation a été

(1) Charles Colbert. On sait que le grand Colbert eut jusqu'à neuf enfants.

assez mal exécutée jusqu'à présent, mais on peut espérer de la justice de ses héritiers qu'elle le sera mieux par la suite (1). Madame Colbert, après avoir possédé cette terre environ deux ans, mourut le jour même qu'elle devoit partir de Paris pour s'y rendre. Elle avoit fait présent au Chapitre, dans son premier voyage, d'un soleil d'argent, d'un encensoir et de deux belles chasubles.

MONSIEUR DE SEIGNELAY

On fut quelque tems après la mort de Madame Colbert sans savoir à qui appartiendroit cette terre, car quoiqu'elle l'eût donnée à M. le Comte de Sceaux, comme nous l'avons remarqué, M. le Marquis de Seignelay, ministre et secrétaire d'État, fils aîné de

(1) L'historique des vicissitudes de cette fondation Colbert a fait l'objet de plusieurs rapports administratifs et de quelques opuscules. On peut consulter notamment, sur ce sujet, de M. le comte Paul de Choulot, une brochure d'une quinzaine de pages, intitulée : « *Une » disposition du testament de Colbert* » (Bourges, édit. Pigelet, 1869) et de M. A. Boulé, une autre de douze pages (Bourges, imp. Véret, 1874) portant comme titre : « *Testament de Colbert* » et figurant également dans les *Mémoires de la Société Historique du Cher*, année 1874, pag. 37. En définitive, on pourrait dire, pour résumer la question, que le legs a été assez bien exécuté à Châteauneuf, à part quelques lacunes et modifications d'affectation, mais qu'il est resté sans exécution à Linières. Ajoutons toutefois, pour ne rien exagérer en ce qui concerne ce dernier point, qu'en faisant reconstruire entièrement, en 1861, le bel hospice de la ville, en renouvelant tout son mobilier, etc., M. le vicomte Eugène de Bourbon-Busset, auquel nous consacrerons plus loin une ou deux notes, a peut-être entendu réparer, dans une certaine mesure, par cet autre acte de bienfaisance, quoique dans un ordre d'idées assez différent, la tiédeur des successeurs de Colbert à se conformer, pour Linières, aux dernières volontés du grand ministre.

M. Jean-Baptiste Colbert, avoit droit de la reprendre en donnant l'équivalent, ce qu'il fit, et il donna en échange à M. le Comte de Sceaux, son frère, la terre d'Hérouville, auprès de Caen, en Normandie. Le chevalier Colbert, grand Bailli de Malte, ayant été tué à Valcourt à la tête du régiment de Champagne, le roi donna son régiment à M. le Comte de Sceaux, son frère, qui fut aussi tué à la campagne suivante, et, par cette mort, M. de Seignelay, comme aîné, redevint maître de la terre d'Hérouville par la coutume de Normandie.

Monsieur le marquis de Seignelay avoit épousé en premières noces la plus riche héritière de l'Auvergne, de la maison d'Aligre, dont il n'eut point d'enfans, et en secondes noces, il épousa Catherine Thérèse de Matignon, marquise de Louvois, d'une des premières maisons de Normandie. Il en eut plusieurs enfans, savoir : Marie-J.-B. Colbert, Marquis de Seignelay, maître de la garde-robe du roi, père de Mme la duchesse de Montmorency ; Paul-Edouard Colbert, comte de Creully, depuis duc d'Estouteville, mort sans postérité ; Louis-Henri Colbert, chevalier non profès de l'Ordre de Malte, connu sous le nom de Chevalier de Seignelay, et Charles-Eléonor, Comte de Seignelay, père de M. le marquis de Seignelay, aujourd'hui vivant, et de Mesdames de Jonsac et de Lordat, qui ont eu, depuis, la terre de Linières, et Théodore-Alexandre Colbert, Comte de Duretal, décédé sans postérité.

M. le marquis de Seignelay, ministre de la marine, ayant la faveur du roi, tomba malade à la fleur de son âge (1), d'une maladie de langueur, dont il mourut à

(1) A 39 ans. « Quelle jeunesse ! quelle fortune ! Quel établissement ! Il nous semble que c'est la splendeur qui est morte ! » écrivait, au sujet de ce deuil, Mme de Sévigné.

Versailles, le 3 novembre 1690 (1), non sans soupçons de poison. Il fut inhumé dans l'église Saint-Eustache, à Paris, à côté de son père. Il avoit ordonné, par son testament, de distribuer des sommes considérables aux pauvres de ses terres (2). On envoya dans celle-ci mille écus à distribuer, dont l'emploi fut commis à M. le Bailli et à moi, pour toutes les paroisses de la terre. On en fit la distribution vers le tems de Pâques 1692, que le blé commença à être cher, car le seigle, qui valoit auparavant huit ou dix sols, monta jusqu'à quatre francs. On attribua cette calamité aux grandes pluies qui tombèrent cette année-là. Les chemins devinrent tellement impraticables que le messager d'Aurillac fut obligé de décharger dix-sept fois, depuis la Châtre jusqu'à Château-neuf. Non seulement les bleds, mais les foins et les vins, furent perdus; les pâtureaux mêmes furent gâtés, ce qui causa la mortalité des bestiaux, jusqu'au point de craindre d'en perdre l'espèce. Les maladies sont devenues communes à la suite de ces accidens, tellement qu'il est mort le quart du monde en ce païs.

Cependant les taxes étoient exorbitantes, à cause

(1) Ce fut à lui que Boileau adressa son épître IXe, sur la *Sotte louange*, commençant par ces vers :

> Dangereux ennemi de tout mauvais flatteur,
> Seignelay, c'est en vain qu'un ridicule auteur
> Prêt à porter ton nom de l'Ebre jusqu'au Gange,
> Croit te prendre aux filets d'une sotte louange :
> Aussitôt ton esprit, prompt à se révolter,
> S'échappe et rompt le piége où l'on veut l'arrêter.

Et non seulement Boileau dédiait une épître au fils de Colbert, mais encore Racine lui lisait et lui paraphrasait les Psaumes à son lit de maladie. (GUIZOT, *Hist. de France à mes petits enfants*, tom. IV, pag. 493.)

(2) « Il avait beaucoup dépensé, mais il laissait encore, à sa mort, plus de 400,000 livres de rente. » (GUIZOT, *Hist. de France à mes petits-enfants*, tom. IV, pag. 375.)

de la guerre, car, outre le logement des gens de guerre, qui a coûté beaucoup à cette ville, on paye cette année (1) les taxes des arts et métiers, on fait payer vingt écus sur les enseignes et dix écus sur les bouchons. Il y en eut une (2) l'année dernière pour les usages, deux pour les censives et le franc-aleu, et les deniers de cens qu'on appelle la taxe des cheminées, qui monte à quatorze cents livres.

CHARLES-ELÉONOR COLBERT DE SEIGNELAY

Charles-Eléonor Colbert de Seignelay, fils de Jean-Baptiste Colbert, marquis de Seignelay, ministre de la marine, et de Thérèse de Matignon, naquit à Paris, sur la fin du dernier siècle. Ses parens le destinoient à l'état ecclésiastique. Il avoit fait ses études en conséquence, mais, tous ses frères étant morts sans postérité, on l'engagea à se marier. Il épousa en premières noces Anne de La Tour-et-Taxis, comtesse de Valsassine, vers l'an 1715. Il eut d'elle deux enfans, dont l'un mourut en bas-âge et l'autre naquit au mois de mars 1719. C'étoit Elisabeth Gabrielle Pauline, depuis Madame la Comtesse de Jonsac. En 1718, M. de Seignelay conduisit son épouse à Linières. Elle y fit son entrée le premier juin. On alla au devant d'elle jusqu'à Rossine, où on avoit préparé des rafraîchissements pour la troupe. A la tête de l'infanterie étoit

(1) Gilles-le-Duc parle maintenant au présent, parce que c'est précisément en 1692 qu'il écrit et que finissent, par des doléances sur l'élévation des impôts, ses curieux Mémoires, continués, après lui, par J. B. Dupré. (V. pag. 18 des présents *Mémoires*, la préface de J. B. Dupré.)

(2) S. e. une taxe.

M. Soumard de Beaulieu, et M. de Biottière (1) commandoit la cavalerie. Comme le régiment de Royal Roussillon étoit pour lors en partie en quartier à Linières, M. le chevalier de Louvois, Colonel du régiment, qui étoit venu quelque tems auparavant à Linières, se mit à la tête de la Compagnie-Colonel, et alla au devant de Madame de Seignelay avec les trompettes et les cymbales. Les instrumens pour l'infanterie étoient quatre tambours, des hautbois et des musettes. Il y avoit des gens armés de toutes les paroisses de la terre. On avoit préparé un tapis et un oreiller (2) à la porte de la Châtre. Le chapitre avec le corps de la justice s'y rendirent processionnellement et Madame de Seignelay s'étant mise à genoux sur l'oreiller préparé, M. le doyen lui fit adorer la croix, ce qu'elle fit avec beaucoup de dévotion, après quoi elle fut complimentée par le chef du Chapitre et la justice. On entonna ensuite le *Te Deum*, et on la conduisit ainsi jusqu'à l'église, de là à son château, où les instruments jouèrent divers airs fort agréables.

Madame de Seignelay, après avoir passé la belle saison à Linières et donné l'exemple de l'affabilité envers tout le monde et de la générosité envers les pauvres, retourna à Paris, où elle mourut le printems suivant.

Quelques années après, M. de Seignelay épousa en secondes noces Renée Gontaut de Biron, dont il eut cinq enfans. Trois moururent en bas-âge et les deux autres sont M. le marquis de Seignelay et Madame la comtesse de Lordat. Il vécut aussi dans une grande union avec sa seconde femme. Il la conduisit aussi

(1) V. pag. 120.

(2) Ou plutôt un coussin, un *carreau*, pour nous servir de l'expression employée pag. 142 ci-dessus.

plusieurs fois à Linières, où il donna lui-même l'exemple de toutes les vertus chrétiennes. Il paroît qu'il aimoit beaucoup l'étude et particulièrement la science ecclésiastique.

Il ne servit point le roi à l'exemple de ses frères, peut-être parce que, voyant le cardinal de Fleury (qui étoit entièrement opposé à la maison Colbert) élevé au ministère, il désespéra de pouvoir avancer. Comme il étoit à Linières, ce cardinal lui fit un affront bien singulier. M. de Seignelay ayant un peu dérangé ses affaires par trop de magnificence, songea à vendre cette fameuse bibliothèque dont il avoit hérité de son grand-père. Le prince Eugène avoit voulu l'acheter, mais le roi jugea à propos de la retenir. M. le Comte de Seignelay s'étoit réservé plusieurs ouvrages, entre autres quelques manuscrits et avoit donné au roi le catalogue de ceux qu'il avoit vendus. Cependant quelqu'un ayant dit au Cardinal que M. de Seignelay retenoit plusieurs manuscrits de la bibliothèque qu'il avoit vendue au roi, ce prélat envoya enfoncer la porte du cabinet de M. de Seignelay pendant qu'il étoit à Linières. Celui-ci revint bientôt à Paris pour se justifier, mais j'ignore si le Cardinal convint de ses torts (1).

Madame de Jonsac, de qui j'ai appris ce que je viens de rapporter, racontoit encore un trait qui servira à

(1) Notons, en passant, qu'en dehors des livres, le château renfermait aussi quelques œuvres d'art, dont certaines n'y furent, du reste, apportées que postérieurement à l'époque à laquelle se place en ce moment l'auteur du manuscrit. Ainsi on y remarquait les portraits de Louis XIV, des cardinaux de Richelieu et de Mazarin, du Régent, de Louis XV, de Sobieski, de plusieurs membres de la famille de Colbert, et un tableau précieux représentant Hippomène et Attalante. Il s'y trouvait aussi un beau buste en marbre de Colbert, donné par la république de Venise. (Manuscrit de M. de Barral.)

peindre le caractère de Monsieur son père. Elle dit qu'étant un jour dans son cabinet, elle y entra (c'étoit dans les premières années de son mariage). Elle aperçut les ouvrages de Montaigne et, comme elle connoissoit l'auteur de réputation, elle les demanda pour les lire. Monsieur son père lui répondit qu'à la vérité Montaigne étoit un auteur de réputation, mais que ses ouvrages étoient également contre la religion et les mœurs, que si elle vouloit les lire, il les lui donneroit, mais qu'elle s'exposeroit par là à la tentation et qu'elle ne savoit pas jusques à quel point Dieu permettroit qu'elle y succombât.

M. de Seignelay fit paraître sa piété par différens dons qu'il fit aux églises. En 1711, il donna au chapitre de Linières un ornement de damas rouge et blanc ; en 1714, un calice, des burettes et une cuvette d'argent ; en 1718, un encensoir et une navette (1) d'argent, et, en 1720, un ornement composé de chasuble, dalmatique et tunique, de quatre chappes, d'une écharpe, d'un parement d'autel et d'un dais à porter le Saint-Sacrement, tous ces ornemens d'un drap d'or très-précieux.

En 1721, il donna encore des reliques de saint Prisque (?) (2) et de ses compagnons, martyrs, tirées

(1) On sait que la navette est le petit vase de métal où l'on met l'encens qu'on brûle dans les encensoirs.

(2) Il est à supposer qu'il s'agit de saint Prix, évêque de Clermont, massacré avec un abbé nommé Amarin et un acolyte nommé Elide, en 674, par suite d'une vengeance, mais alors ces reliques n'auraient eu que dix siècles environ et non douze, comme il est dit plus bas, d'ailleurs dans des termes plutôt approximatifs que rigoureusement mathématiques. On n'ignore pas, au surplus, que la dévotion des fidèles tendait plutôt à exagérer quelque peu l'antiquité des reliques, comme pour en augmenter encore le caractère vénérable.

de l'église de Saints-en-Puisaye, diocèse d'Auxerre, dont André Colbert, évêque de cette ville, avoit fait présent à Marie Charron, veuve de J.-B. Colbert, contrôleur des finances. Le procès-verbal de l'évêque assure qu'elles étoient conservées dans cette église depuis *environ* douze siècles, comme il apprit, dit-il, « *par les procès-verbaux et autres monumens trouvés* » *par nous et nos prédécesseurs* ». Vers le même tems, M. de Seignelay fit aussi présent d'une parcelle des reliques de saint Jean-Baptiste, donnée en 1687 à M. Colbert, maître de la garde-robe du roi, pour être mise en sa chapelle de Sceaux. M. Colbert l'avoit eue de Madame la duchesse de Picquigny qui, elle-même, l'avoit eue des chanoines du dit lieu, en Picardie. Le procès-verbal dit que les chanoines avoient eu cette précieuse relique d'un d'entre eux, qui l'avoit apportée de Constantinople, en 1206.

Le savant M. du Cange (1), qui a fait un *Traité Historique de la Découverte du Chef de saint Jean-Baptiste* (2) en faveur d'Amiens, sa patrie (3), raconte ainsi ce fait, d'après des écrits authentiques. Il dit que Galon de Sarton, chanoine de Picquigny, s'étant trouvé à la prise de Constantinople, en 1204, par l'armée des Croisés, récitoit ses vêpres seul, un jour de la Nativité de la Sainte-Vierge, dans une église de cette fameuse ville. En s'y promenant après la récitation de son office, il aperçut une petite fenêtre dans la base d'un pilier, bouchée avec du foin et des pierres, sans mor-

(1) Le même que l'auteur du *Glossaire*, cité quelquefois dans ces Notes.

(2) Paris, édit. 1665, pet. in-4°. Ouvrage curieux et devenu très-rare.

(3) C'est-à-dire pour revendiquer en faveur de.... etc., la possession de cette relique, que plusieurs villes disputaient à sa cité natale.

tier. Il y revint le lendemain et prit son tems pour examiner plus à loisir ce qu'il trouveroit dans cette masure. Il rencontra deux bassins d'argent avec leurs étuis. Dans ce moment, la peur le saisit, il n'osa rien emporter chez lui, mais il cacha toutes ces richesses dans un autre endroit, où il retourna le matin du troisième jour. Alors il reconnut que c'étoient deux chefs de saints. Au bas d'un des reliquaires, il y avoit écrit : « *Agios Georgios* », et au bas de l'autre : « *Agios Joannes* » *prodomos* (1) ». Galon de Sarton, ravi de posséder ces précieuses reliques, ne s'occupa plus que de la pensée de retourner dans son pays. Les deux bassins qu'il avoit trouvés étoient lourds et embarrassans. Il les rompit pour les vendre, avec le vœu d'en appliquer le prix en œuvres pies, quand le tems le lui permettroit. Il fut fidèle à sa promesse. Il garda deux autres bassins plus faciles à porter, qui servoient de châsses aux deux chefs et, vers la fin de septembre 1205, il s'embarqua pour Venise, où il arriva heureusement après un mois de navigation. Le voyageur ne courut pas plus de risques en Lombardie, mais il en essuya aux frontières de France, près Saint-Rambert, dans la Bresse, et d'Ambronay, dans le Bugey (2). Lui et un autre voyageur eurent à se défendre contre deux bandes de voleurs avec qui ils en furent quittes néanmoins pour de l'argent. Galon de Sarton avoit un oncle appelé Pierre de Sarton, chanoine d'Amiens. En sa faveur il fit présent du chef de saint Jean à l'église cathédrale de cette ville. Tout le clergé et l'évêque de cette ville, vêtu pontificalement, marchèrent en procession hors des murs pour

(1) Précurseur.

(2) On sait que le Bugey était un ancien petit pays qui forme aujourd'hui les arrondissements de Belley et de Nantua.

recevoir la sainte relique. Elle fut placée dans la cathédrale où on la conserve encore, révérée des provinces les plus éloignées. Ce ne sont proprement que les os de la face, depuis le haut du front jusqu'à la mâchoire supérieure. Le haut de la tête est suppléé par une calotte de vermeil qui représente en émail saint Jean tenant une croix de la main gauche et montrant de la droite une petite image de Notre-Seigneur, avec des caractères grecs qui forment les mots : « *O Agios Prodomos* ».

Il est aisé de voir par ce récit que Galon de Sarton aura laissé à son chapitre quelque parcelle de la relique de saint Jean et que c'est celle-là même en tout ou en partie qui, ayant été conservée longtemps à Picquigny, a été donnée ensuite à Madame la duchesse de Picquigny, qui en a fait présent à M. Colbert, dont le neveu en a gratifié l'église de Linières, qui la possède actuellement.

M. de Seignelay la fit enchâsser dans un magnifique reliquaire, dont il fit aussi présent au Chapitre. Les chanoines, touchés de la bienfaisance de ce pieux seigneur envers leur église, présentèrent requête à M. le cardinal de Gesvres (1) afin de célébrer la fête de saint Charles, son patron, avec l'office de chantre, ce qui leur fut accordé.

M. de Seignelay mourut à Paris, en 1740, dans de grands sentimens de piété. Il avoit pour habitude de réciter chaque jour le bréviaire de Paris. Il portoit à son bras, dessous ses habits, un bracelet d'or dans lequel étoit enchâssé un morceau de la vraie croix que la reine, épouse de Louis XIV, avoit donné au grand Colbert. Cette précieuse relique avoit passé

(1) Alors archevêque de Bourges.

par succession jusqu'à M. de Seignelay, mais elle fut volée à sa mort et n'a point passé à ses héritiers. Il fut enterré à Saint-Eustache, dans le tombeau de sa famille.

JEAN-BAPTISTE-ANTOINE COLBERT.

Jean-Baptiste-Antoine Colbert, marquis de Seignelay, colonel du régiment de Champagne et ensuite maréchal des camps et armées du roi, posséda la terre de Linières après la mort de son père (1).

ÉLISABETH-PAULINE-GABRIELLE COLBERT DE SEIGNELAY.

Élisabeth-Pauline-Gabrielle Colbert de Seignelay, fille de Charles-Éléonor Colbert, comte de Seignelay, baron de Linières, lieutenant général pour le roi de la province de Berri, et d'Anne de La Tour-et-Taxis, comtesse de Valsassine, naquit, à Paris, le 13 février 1719. Elle perdit sa mère peu de tems après sa naissance et fut élevée auprès de son père, qui prit un soin particulier de son éducation. Mais celui-ci s'étant marié en secondes noces avec Mlle Renée Gontaut de Biron, elle fut mise au couvent de Maubuisson (2), dont sa

(1) Le laconisme du passage consacré à ce seigneur fait présumer qu'il n'habita pas ou presque pas Linières, soit qu'il fût aux armées ou pour toute autre cause.

(2) Maubuisson est aujourd'hui un hameau dépendant de la commune de Saint-Ouen-l'Aumône (Seine-et-Oise). Il y avait autrefois en cet endroit une abbaye où fut enterrée notamment Gabrielle d'Estrées, puis il s'y établit un couvent de filles de l'ordre de Citeaux.

tante, sœur de M. Colbert, évêque de Montpellier, étoit pour lors abbesse. Elle passa depuis à celui de Chaillot (1), où elle resta jusques à son mariage.

Elle épousa, en 1736, M. le comte de Jonsac, d'une ancienne famille de Saintonge. Ses parens la firent séparer de biens d'avec lui peu de tems après son mariage. Il la quitta quelque tems après pour aller à la guerre. Durant son absence, elle se lia d'amitié avec plusieurs dames de piété, telles que Mesdames de Tilliers et de Rochechouart, dont elle parloit quelquefois avec admiration. Les premières années de son mariage se passèrent dans une détresse peu ordinaire aux personnes de son rang. Elle en parloit souvent avec plaisir, parce qu'elle avoit une estime singulière de la pauvreté et du désintéressement. Pendant tout ce tems, comme l'état de ses affaires et son inclination particulière la tenoient éloignée du monde, elle se livra entièrement aux exercices de piété, sous la conduite d'un excellent prêtre dont j'ai lu beaucoup de lettres qui lui étoient adressées. Elle parla toute sa vie des grâces que Dieu lui avoit faites alors, et dont elle avoit, disoit-elle, si peu profité, que rien ne lui faisoit craindre davantage pour son salut. Son mari, étant revenu de la guerre, la conduisit à sa petite ville de Jonsac, auprès de Saintes, dont il étoit sei-

(1) C'était là qu'en 1710 était morte Mlle de la Vallière, et là que le grand Colbert, arrière-grand-père de notre Elisabeth-Pauline-Gabrielle Colbert de Seignelay, était précisément venu un jour rechercher complaisamment Mlle de la Vallière, de la part du roi, pour la ramener temporairement à Versailles. La jeune pensionnaire de Chaillot, dont s'occupe en ce moment notre manuscrit, connaissait-elle alors ce trait de la vie de son bisaïeul ? En tous cas, ces continuels rapprochements qu'offrent les choses humaines ne sont pas l'un des moindres attraits de l'histoire.

gneur. Elle y donna l'exemple de toutes les vertus chrétiennes, comme elle fit depuis à Linières.

Quelques années après, M. le président Hénault, oncle de M. de Jonsac, et connu par son « *Abrégé chronologique de l'Histoire de France* (1), étant devenu infirme à cause de son grand âge, M. de Jonsac engagea son épouse à demeurer avec lui pendant son absence. Elle lui rendit tous les services dont elle étoit capable jusqu'à sa mort, qui arriva en 1770. Elle donna pour lors une preuve de son désintéressement en refusant une somme de cinquante mille livres que M. le président Hénault vouloit lui laisser par reconnoissance. Elle racontoit elle-même que rien n'étoit plus contraire à son inclination et à sa santé que la vie qu'elle étoit obligée de mener dans cette maison. Car, outre la compagnie d'un vieillard infirme et excessivement sourd qu'elle ne quittoit presque pas, elle étoit obligée de recevoir les plus beaux esprits de Paris depuis le matin jusqu'à dîner, et, depuis ce tems, les ministres et les ambassadeurs des cours étrangères, dont les visites duroient souvent jusques à deux heures après minuit. Outre l'ennui inséparable de visites si fré-

(1) Il faut relire, dans les récits littéraires et mondains du XVIIIe siècle, quel esprit charmant, quel caractère aimable, quel homme de bonne compagnie fut le président Hénault, pour se représenter combien Mme de Jonsac dut gagner intellectuellement dans son commerce et dans celui de ses amis. Président de la première chambre des enquêtes au Parlement de Paris, à la fois membre de l'Académie Française et de l'Académie des Inscriptions, surintendant de la maison de la reine, il eut les relations les plus agréables et les plus variées de son temps. Qu'il soit permis à l'auteur de ces Notes de rappeler qu'il a eu occasion de faire allusion au séjour de Mme de Jonsac chez son oncle, dans une étude littéraire et de morale sociale sur la *Simplicité*, en parlant de la simplicité exquise et gracieuse de quelques vraies grandes dames du temps passé. (Bourges, imp. Sire, 1886, pag. 20 et suiv.)

quentes et si multipliées, elle trouvoit à peine le tems nécessaire pour ses exercices de piété. Je crois néanmoins que la conversation de tant d'habiles gens n'avoit pas peu contribué à perfectionner son jugement sur les ouvrages d'esprit et à lui donner cette connoissance du monde que l'on admiroit en elle, quand on l'avoit un peu fréquentée.

Après la mort de M. le président Hénault, elle revint habiter avec son mari. Quelque tems après, elle recouvra une somme de deux cent mille livres que lui devoit son mari, et le partage des biens de son grand-père et de son oncle ayant été fait, elle devint dame de Linières par indivis avec Madame de Lordat, sa sœur (1). Son premier sentiment, après le rétablissement de sa fortune, fut la crainte d'en abuser pour se perdre. Dans ce moment elle demanda à Dieu, le visage prosterné contre terre, la grâce de ne s'y point attacher, et de ne pas perdre de vue la récompense éternelle. Sa charité pour les pauvres devint alors plus éclatante. Elle employa une partie considérable de son revenu à faire apprendre des métiers, à payer des pensions à de pauvres malades, et à faire d'autres bonnes actions, jusque là que ne se trouvant pas assez ensuite pour fournir à l'entretien de sa maison, elle auroit désiré pouvoir vivre dans une communauté pour dépenser moins et donner davantage.

Cependant Madame de Jonsac, étant devenue en 1779 dame de Linières, du moins en partie, crut qu'elle avoit des obligations à remplir par rapport à cette petite ville, dont elle avoit entendu parler d'une manière tout-à-fait désavantageuse. Elle conservoit tou-

(1) Ces deux dames n'étaient que sœurs consanguines, Mme de Jonsac étant fille d'Anne de la Tour-et-Taxis, et Mme de Lordat fille de Renée Gontaut de Biron. (V. pag. 192-193.)

jours une sorte d'attachement pour cet endroit où elle étoit venue plusieurs fois pendant son enfance. Elle s'y rendit donc en 1780 avec son mari et y fit son entrée avec les cérémonies ordinaires en pareil cas, mais elle n'y resta que fort peu de tems à cause d'une fièvre maligne qu'elle garda environ trois semaines.

Elle y revint pour la dernière fois au mois de septembre de l'année 1784. J'avois été nommé doyen du Chapitre depuis peu de mois ; j'alloi la saluer en cette qualité, et, dès la première entrevue, je conçus d'elle l'idée que j'en ai toujours eue, c'est-à-dire d'une personne d'un mérite distingué, et d'une prudence consommée.

Pendant son séjour à Lignières, elle s'appliqua à empêcher le mal et à procurer le bien de tout son pouvoir. Elle craignoit surtout qu'on ne commît des injustices sous son nom, ajoutant que Dieu lui en demanderoit compte un jour. Elle y vivoit elle-même d'une manière exemplaire, assistant tous les jours régulièrement à la messe du Chapitre, faisant la prière de ses domestiques, les instruisant de vive voix, et s'informant particulièrement des malheureux à qui elle faisoit tenir des secours de toute espèce. Elle affectionnoit singulièrement les pauvres de l'hôpital, où elle se rendoit de tems en tems et se mêloit même de l'administration de cette maison.

Elle passa l'hiver de 1784 dans l'exercice de ces bonnes œuvres. Sa santé s'y soutint parfaitement, quoique très faible en apparence et qu'elle fut en usage (comme elle le disoit), depuis sept ou huit ans, d'avoir une fluxion de poitrine tous les hivers. Elle passa le carême sans user de viande ; elle se contentoit de prendre tous les matins une boisson chaude qui lui étoit indispensable, et ne faisoit ensuite qu'un repas dans la journée. Elle assista à tous les offices de la Semaine-Sainte avec beaucoup d'édification, et le jour de Pâques de cette année, après avoir assisté à Matines à cinq heures du matin, quoiqu'il fît très-froid ce jour-là, elle entendit ensuite la grand'messe à laquelle elle offrit elle-même le pain bénit, et communia.

Le séjour de Madame de Jonsac à Linières lui étoit très agréable, en ce qu'elle y étoit éloignée du monde et qu'elle pouvoit, disoit-elle, penser plus facilement à l'éternité. Cependant elle écrivoit à Madame la comtesse de Lordat, sa sœur, à Paris, l'état où elle se trouvoit, l'engageant à venir passer quelque tems avec elle. Son intention, à ce qu'elle racontoit elle-même, étoit que, comme elle ne pouvoit se promettre de vivre longtems, Madame sa sœur conçût pour ce lieu-ci le même attachement qu'elle avoit elle-même, et que celle-ci conduisant Mademoiselle de Lordat, sa petite fille, cette jeune personne s'y attachât à leur exemple.

Madame de Lordat, voyant l'empressement de Madame sa sœur pour l'attirer auprès d'elle, prit la résolution de s'y rendre au mois de juin. Elle y arriva effectivement le deux de ce mois (jour de la petite Fête-Dieu cette année-là), avec Mademoiselle de Lordat, sa petite fille, pour lors âgée de six ans et quelques mois. On ne peut exprimer la satisfaction qu'éprouvèrent ces deux dignes sœurs en se voyant ainsi réunies. Elles avoient toujours vécu dans la plus grande intimité, et leur union venoit moins des liens du sang que de ce qu'elles avoient toutes deux les mêmes principes et la même façon de penser.

On s'applaudissoit ici de posséder deux personnes aussi respectables, dont tous les jours étoient marqués par de nouveaux bienfaits, et dont le bon exemple influait sur quantité de personnes. Leur domestique étoit très bien réglé et elles avoient une attention particulière que les personnes qui leur étoient attachées ne fréquentassent ni les cabarets ni aucune maison suspecte.

Les deux sœurs passèrent ainsi l'été et l'automne de 1785, donnant à leurs vassaux l'exemple de la piété la plus éclairée, de l'union la plus intime et de la charité la plus entière envers les pauvres. Elles se proposoient de venir passer tous les ans quelques mois à leur terre, mais les choses devoient tourner bien autrement.

Madame de Jonsac, qui avoit paru jusque-là bien portante, tomba malade tout-à-coup le 26 octobre. Sa maladie, qui étoit une fluxion de poitrine, parut très grave dès le commencement, tellement que le troisième jour on désespéra qu'elle allât jusques au cinquième. Cependant, le quatrième, cette maladie disparut presqu'entièrement pour faire place à une autre, qui n'étoit pas moins dangereuse : c'étoit la dyssenterie. Elle souffroit toutes les incommodités de cette cruelle indisposition avec une patience et une résignation admirables.

On crut alors que la faiblesse de son tempérament ne pourroit résister à tant de maux réunis. Effectivement, sur les derniers jours de novembre, elle parut dans le plus grand danger, et elle reçut les sacremens de l'Eglise dans les sentimens de la plus grande piété. Le souvenir de ce que Dieu avoit fait pour elle pendant sa vie et de ce qu'il faisoit encore dans ce dernier moment la toucha jusques aux larmes. Elle conserva toute sa présence d'esprit pendant sa maladie. Elle ne pouvoit pas tenir la conversation longtems, mais ce qu'elle disoit le plus souvent étoit marqué au coin d'un jugement exquis. Personne ne connoissoit mieux qu'elle l'esprit et la fin de la religion ; aussi en avoit-elle fait son étude dès l'enfance. Comme elle exigeoit de moi, dans les circonstances où elle se trouvoit alors, que je vinsse l'entretenir tous les jours, elle me dit un jour qu'elle demandoit à Dieu avec d'instantes prières la conversion de son mari, mais qu'apparemment elle ne méritoit pas l'obtenir, et qu'elle adoroit les jugemens de Dieu à ce sujet, ajoutant d'un air extrêmement touché : « Puisqu'il faut jeter toutes ses inquiétudes » dans le sein de Dieu, il faut donc y jeter aussi » celle-là. »

Ce fut dans ces circonstances qu'elle fit son testament, dans lequel elle donna aux pauvres de l'hôpital une dernière preuve de son attachement en leur léguant une somme de douze mille francs, devant produire six cents livres de rente perpétuelle. Elle légua aussi au chapitre de Linières une garniture de chandeliers avec un christ, des plus beaux qu'on pourroit trouver, argenté.

Cependant la maladie de Madame de Jonsac augmenta tellement qu'on crut qu'elle ne verroit pas la fête de Noël. Elle paroissoit entièrement épuisée par les souffrances. Elle étoit d'une maigreur extraordinaire. M. le marquis de Seignelay, M. de Tilliers et Madame d'Aubery, neveu et nièce de Madame de Jonsac, vinrent alors de Paris pour la visiter. Comme ils avoient amené avec eux son médecin de Paris, la première chose qu'elle lui demanda fut de s'intéresser pour un jeune enfant de l'hôpital qui avoit la pierre, afin de lui obtenir une place dans un hospice de Paris. Elle dépensa une somme considérable pour l'y envoyer et, quand elle en parloit, elle disoit : « La Providence » ne m'a peut-être envoyée dans ce lieu-ci que pour la

» guérison de cet enfant; j'aurois donc été bien mal-
» heureuse de ne pas la lui procurer. »

Comme elle étoit persuadée qu'elle mourroit de la maladie dont elle étoit attaquée, elle me pria d'annoncer au prône qu'elle demandoit pardon à la paroisse du scandale qu'elle avoit pu donner en ne faisant pas le bien qu'elle étoit obligée de faire, ou en faisant le mal qu'elle n'auroit pas dû faire.

Néanmoins, sa maladie traînant en longueur, on commençoit à concevoir quelque espérance de sa guérison, vers le commencement de l'année 1786, lorsqu'elle parut menacée d'hydropisie. Cette nouvelle maladie lui causa encore bien du tourment. Cependant elle en paraissoit guérie, et sa santé commençoit à se rétablir au commencement du mois de mars. Elle entendit même la messe dans sa chapelle le 13 de ce mois sans indisposition. Comme on s'étoit affligé de sa maladie, pendant laquelle on avoit fait à Dieu des prières pendant neuf jours pour demander sa conservation, on se réjouit de sa convalescence au sujet de laquelle on remercia Dieu par une messe solennelle. Tous les corps de la ville allèrent la complimenter et Madame de Lordat, sa sœur, lui donna ce jour-là, qui étoit un mercredi 15 du même mois, une petite fête dont nous parlerons à son article.

Tout le monde se flattoit de posséder ces deux dignes personnes encore plusieurs années, lorsque Madame de Lordat, sa sœur, étant tombée malade de la maladie dont elle est morte, Madame de Jonsac ne put résister à l'empressement qu'elle avoit de la voir. Elle traversa, pour l'aller trouver, le vestibule et la salle à manger et, étant restée avec elle environ deux heures dans le salon, qui étoit apparemment plus froid que sa chambre, elle y contracta une fluxion de poitrine, sa maladie ordinaire.

C'étoit un jeudi, 23 mars, à minuit. Elle fut surprise par une fièvre violente qui la fit beaucoup souffrir jusqu'au lever du soleil. Alors elle tomba dans un assoupissement total, ayant même perdu l'usage de la parole. Elle passa ainsi la journée du 24, dans laquelle, ayant été saignée, elle parut un peu moins assoupie. Tout ce qu'elle pouvoit faire étoit de demander des nouvelles de sa sœur, dont la maladie alloit aussi en augmentant.

Le samedi, jour de l'Annonciation, elle me parut dans un état désespéré. Je fis mon possible pour la confesser : elle ne répondoit que par signes aux interrogations que je lui faisois. Cependant je lui fis une petite lecture à la fin de laquelle elle répondit : « *Ainsi soit-il* ». Dans ce même moment, comme je lui demandois, si Dieu lui faisoit la grâce de la recevoir dans son royaume éternel, si elle ne prieroit pas Dieu pour moi, ne pouvant s'exprimer autrement, elle joignit les mains et leva les yeux au ciel d'une manière qui me toucha extrêmement. Enfin, le mardi 28 du même mois, elle tomba agonisante sur les sept heures du soir et mourut sans faire d'autres efforts que deux ou trois soupirs qu'elle poussa dans son dernier moment. Ainsi mourut, à l'âge de soixante-sept ans, cette pieuse dame, laissant à tous ceux qui l'avoient connue un regret mortel de la perte qu'ils venoient de faire.

Elle étoit d'une taille ordinaire, extrêmement maigre, ayant le teint brun et la vue basse. Elle avoit beaucoup de dignité dans les manières et dans le maintien. Elle s'exprimoit avec beaucoup de facilité, appuyant un peu sur ses paroles avec un accent qui lui étoit particulier. Sa parure étoit simple et n'avoit pas la moindre apparence de vanité. Loin de soupçonner qu'elle eût de l'esprit et des connoissances, elle paroissoit se défier continuellement de ce qu'elle disoit. Elle avoit une crainte extrême de choquer personne. Elle étoit naturellement un peu prompte, ce qui lui donnoit quelquefois bien des regrets. Elle étoit prête à faire satisfaction à quiconque elle auroit offensé. Elle jugeoit parfaitement ceux qui la fréquentoient et avoit bien de la peine à donner sa confiance. Elle avoit passé sa vie à se faire une violence continuelle, ce qui lui avoit procuré une prudence admirable dans ses paroles et dans ses actions. Elle disoit très volontiers du bien de ceux qu'elle connoissoit et difficilement du mal.

Elle laissoit facilement parler les autres, mais ses réponses apprenoient bientôt qu'il falloit s'observer en parlant devant elle. Elle aimoit beaucoup s'entretenir de l'Ecriture-Sainte qu'elle savoit très bien. Elle avoit aussi fait une étude de l'histoire de France (1). Elle avoit une connoissance très étendue des livres de piété. Elle avoit retenu une infinité de belles maximes qu'elle citoit dans l'occasion et, quand on en

(1) Ce devait être un de ses principaux sujets d'entretien dans l'entourage du président Hénault, dont l'*Abrégé chronologique de l'Histoire de France* avait eu un succès prodigieux et avait été traduit dans plusieurs langues, même en chinois, assurent ses biographes. Il est vrai que le président Hénault était devenu fort sourd dans la dernière période de sa vie. Il avait porté pendant quelque temps l'habit de l'Oratoire, mais avait ensuite vécu, au moins jusqu'à la cinquantaine, d'une vie toute de joie et de plaisir. Ensuite il avait déclaré qu'il se faisait studieux et dévot. Il avait fait alors une confession générale. Il disait à ce sujet : « On n'est jamais si riche » que quand on déménage. » La pieuse influence de sa nièce n'avait pu que le maintenir dans ces sentiments jusqu'à sa mort.

paroissoit surpris, elle répondoit qu'à la vérité Dieu lui avoit éclairé l'esprit, mais qu'il y avoit encore loin de l'esprit au cœur, qu'il en falloit faire la règle de sa conduite, sans quoi on étoit plus coupable que les autres.

Sa piété étoit très éclairée et parfaitement éloignée de toute espèce de superstition. Elle apporta une grande préparation pour s'approcher des sacremens de pénitence et d'eucharistie. Elle ne parloit qu'avec horreur des incrédules de nos jours et je crois qu'elle s'étoit particulièrement appliquée à connoître les preuves de la religion, car elle savoit les réponses à un grand nombre d'objections. Elle avoit assez souvent à la bouche cette belle parole : « *Que nous avons* » *plus besoin des pauvres que les pauvres n'ont besoin de* » *nous.* »

MARGUERITE-LOUISE COLBERT DE SEIGNELAY.

Marguerite-Louise Colbert de Seignelay, fille de Charles-Éléonor Colbert, comte de Seignelay, baron de Linières, lieutenant général pour le roi de la province du Berri, et de dame Renée de Gontaut de Biron, naquit à Paris, vers 1738, et passa plusieurs années au couvent des Filles de Sainte-Marie, où elle reçut une éducation également solide et chrétienne, dont elle se ressentit toute sa vie. Elle entra de bonne heure dans le monde, sous la conduite de Madame sa mère, personne très-vertueuse, car elle avoit perdu son père dès l'âge de neuf ans.

Elle épousa, en 1757, M. le comte Marie-Joseph de

Lordat, d'une ancienne famille de Languedoc (1), qui joignoit aux qualités du cœur et de l'esprit une conduite irréprochable. Jamais on ne vit un mariage plus uni ; les deux époux conservoient l'un pour l'autre un attachement également tendre et inviolable. M. de Lordat étoit Inspecteur de la Gendarmerie de France et estimé de Louis XV : personne ne doutoit qu'il ne s'avançât promptement.

Mais la Providence en avoit décidé autrement. Dans une des campagnes de Hanovre, comme il se transportoit dans une chaise de poste d'un lieu à un autre, à cause d'une indisposition qui lui étoit survenue, le conducteur le fit verser. Il ne sentit aucun mal sur-le-champ, mais il avoit eu la moëlle allongée et meurtrie. Il en contracta une maladie également longue et cruelle qui dura environ trois ans. On ne sauroit exprimer ce que son épouse eut à souffrir durant le cours de cette terrible maladie, et les soins qu'elle prit de lui.

M. de Lordat parut désespéré au commencement de la troisième année de son indisposition. Il paroit qu'il s'occupoit beaucoup, dans cette cruelle situation, de la pensée de Dieu et de la religion. Comme on lui parla un jour d'un seigneur de la cour qui avoit refusé les sacremens à l'heure de la mort, cette nouvelle parut lui faire beaucoup de peine et, comme il avoit déjà perdu la parole depuis longtems par un effet de la maladie, il fit signe qu'on lui apportât de l'encre et du papier. Dès qu'on les lui eût apportés, il se mit à écrire une dissertation sur l'existence de Dieu, sur la nécessité d'une religion révélée et sur la vérité de

(1) Consult. *Généalogie de la maison de Lordat, au pays de Foix et en Languedoc,* publ. par Lainé, 1847, in-8°.

la religion chrétienne. Il remit ce petit écrit entre les mains de son épouse qui l'a conservé jusqu'à la mort. Il contenoit environ six pages d'une écriture très fine : ce qu'il y a de surprenant, c'est qu'il le composa sans presque s'arrêter.

Sa maladie augmentant de jour en jour, il se disposa à recevoir les sacremens de l'Église. Il écrivit pour cela la confession de toute sa vie et, quand il l'eut terminée, il ne fit pas difficulté de la confier à son épouse (1), ajoutant que, comme elle le connoissoit sans doute mieux qu'il ne se connoissoit lui-même, elle eut à lui dire s'il n'avoit rien omis.

Enfin il mourut en 1765, à Paris, laissant son épouse inconsolable de la perte qu'elle venoit de faire. Elle avoit eu de son mariage avec lui quatre enfans, dont deux étoient morts en bas-âge, et deux autres fils lui restoient. Elle s'appliqua à les élever avec toutes sortes de soins. Elle les avoit continuellement auprès d'elle pour les éloigner du mal et les porter au bien par ses paroles et par ses exemples.

Mais, comme un malheur en attire souvent un autre, le plus jeune des fils de Madame de Lordat, pour lors âgé de dix-huit ans, jeune homme de la plus grande espérance, tomba malade, et mourut malgré tous les soins de la médecine. Son médecin ayant jugé à propos de lui faire quelques questions, il lui répondit de manière à lui persuader qu'il avoit vécu jusqu'alors dans une fort grande innocence.

Mme de Lordat fut extrêmement sensible, comme on peut croire, à cette perte, qui ne faisoit que rouvrir

(1) Quelque opinion que l'on professe sur les questions religieuses, on ne peut s'empêcher d'être frappé du contraste de ces touchants détails, en plein Paris, en 1765, avec les mœurs scandaleuses de la Cour et de la plupart des grands seigneurs.

une plaie qui n'étoit pas encore fermée entièrement. Mais Dieu lui préparoit encore une épreuve qui devoit rendre les autres encore plus sensibles. Elle maria l'aîné de ses fils, en 1778, à une jeune personne très-vertueuse de la maison de Tilly. Ce jeune homme, ayant quitté son épouse quelques mois après son mariage, pour se rendre aux Etats de Languedoc dont il étoit baron, tomba malade de la petite vérole à Montpellier, et mourut à sa terre de Bram, où il s'étoit fait transporter, laissant son épouse enceinte de Mademoiselle de Lordat, aujourd'hui dame de Linières (1). Cette mort mit le comble à la désolation de Madame de Lordat.

Elle parut alors renoncer presque entièrement au monde. Elle se borna à fréquenter, avec Madame sa sœur, quelques personnes respectables par leur piété, telles que Madame la princesse de Bouillon, Madame de Marsan et Madame Duroure, sa cousine germaine. Elle s'occupoit alors de la santé et de l'éducation de Mademoiselle de Lordat, sa petite-fille, qui paroissoit toujours sur le point de lui échapper, car elle eut

(1) Cette demoiselle de Lordat (Joséphine) épousa le vicomte Louis-Paul de Bourbon-Busset, et ce fut ainsi que cette branche de la famille de Bourbon devint propriétaire de la terre de Linières, qu'elle possède encore, et prit le titre de Bourbon-Linières. — De ce mariage de Mlle Joséphine de Lordat avec le vicomte Louis-Paul de Bourbon-Busset, naquit à Vésigneux, en 1799, le vicomte Eugène de Bourbon-Busset, qui, lui, fut marié deux fois : de son premier mariage avec demoiselle Ida-Albertine-Charlotte de Calonne de Courtebourne (décédée à Paris le 12 septembre 1828), il eut, entre autres enfants, M. le comte Henry de Bourbon-Linières, lequel a épousé Mlle Adrienne de Mailly et se trouve encore être actuellement propriétaire du château de Linières, par suite de la mort de son père, survenue à Linières le 24 novembre 1863. Il a été publié une Notice nécrologique sur le vicomte Eugène de Bourbon-Busset de Linières (Bourges, E. Pigelet, 1863, in-4° de 8 pages), « *uni par les liens du* » *sang* », dit cet opuscule (pag. 3), « *à l'antique famille des Bourbons.* »

dans ce même tems plusieurs maladies dont elle pensa mourir.

Ce fut vers ce même tems que, le souvenir de ce qu'elle avoit perdu étant continuellement présent à son esprit, elle fit faire un tableau dans lequel son mari étoit représenté dans un nuage embrassant ses deux fils et les attirant à lui : deux petits génies tenoient ouvert le livre du destin. Elle-même étoit dans l'attitude d'une personne plongée dans la plus grande tristesse, sa petite-fille au berceau lui tendant les bras, et le précepteur de ses enfans assis auprès d'un tombeau. Elle étoit extrêmement attachée à ce tableau, dont elle-même avoit donné l'idée.

Au mois de juillet 1779, le partage des biens de la maison Colbert ayant été fait, elle devint dame de Linières par indivis avec Madame de Jonsac, sa sœur. Celle-ci s'y étant rendue peu de tems après leur partage, elle lui en parla comme d'un endroit digne de leurs soins et de leur attachement. Madame de Jonsac y ayant fait un second voyage au mois de septembre 1784, elle écrivit le printems suivant à Madame sa sœur pour l'engager à y venir passer une partie de la belle saison.

Madame de Lordat, voyant le rétablissement de la santé de Mademoiselle sa petite-fille, et le désir que Madame sa sœur témoignoit de l'avoir auprès d'elle, partit de Paris avec sa petite-fille, et se rendit à Linières le 2 juin (1), jour de la petite Fête-Dieu. Monsieur et Madame de Jonsac allèrent au-devant d'elle jusques à Châteauneuf. La milice bourgeoise alla la recevoir jusques aux confins de la terre et l'accompagna jusqu'à l'entrée de la ville où le clergé l'attendoit avec

(1) 1785.

le dais. Elle fut alors complimentée par le chef du chapitre et par la justice. On la conduisit ensuite jusqu'à l'église où elle adora le Saint-Sacrement. De là on l'accompagna jusqu'à son château qui étoit illuminé. La vue de cette illumination sur le soir, le peuple qui remplissoit les deux cours du château, la milice bourgeoise avec les drapeaux et les instrumens, l'appareil imposant du clergé en habit de cérémonie, la vue de cette dame qui étoit sous le dais avec sa petite-fille (1), sur qui tout le monde avoit les yeux, tout cela, joint à la réputation de ces deux dignes sœurs, formoit un des plus beaux spectacles et des plus intéressans que j'aie vus. Les deux dames se rendirent ensuite dans leur parterre où on avoit préparé un feu de joie auquel elles mirent le feu. Là, ne pouvant mieux exprimer la satisfaction qu'elles avoient

(1) On raconte que ces honneurs se perpétuèrent encore pendant de longues années après la Révolution au profit de la famille de Bourbon. Ainsi, le clergé venait, paraît-il, au-devant de M. le vicomte Eugène de Bourbon-Busset (père du propriétaire actuel du château) avec le dais. Les cloches sonnaient à toute volée. Un groupe de jeunes gens, revêtus d'un uniforme militaire, escortait ce dais, etc. On peut, d'ailleurs, ajouter, dans le même ordre d'idées, qu'après la mort de M. le vicomte Eugène de Bourbon-Busset, son corps resta exposé deux jours dans une chapelle ardente. La compagnie des sapeurs-pompiers mit des gardes d'honneur qui se relevèrent jour et nuit aux deux portes extérieures du château et à l'entrée de la chapelle. Il y eut une oraison funèbre prononcée par le premier vicaire général du diocèse et on publia la Notice nécrologique par nous citée déjà page 212 des présents *Mémoires*, note 1. Le défunt avait été aide-de-camp du duc d'Angoulême pendant la guerre d'Espagne (1823). A Linières, il avait, en 1849, fondé et doté un établissement de Frères des Ecoles chrétiennes et fait reconstruire l'hospice en 1861, comme nous avons déjà eu occasion de l'indiquer, page 188, note 1. Son fils, le châtelain d'aujourd'hui, est l'auteur d'une *Histoire de Jeanne d'Arc*, que nous connaissons seulement par ouï-dire. Cette famille porte d'azur aux trois fleurs de lys d'or, comme l'ancienne maison royale de Bourbon.

de se voir rassemblées, elles s'embrassèrent l'une et l'autre avec les marques du plus sincère attachement qui n'a fini qu'avec leur vie.

Ces deux respectables personnes, ainsi rassemblées, selon leur désir, pour ne plus se quitter, commencèrent à s'occuper de l'administration de leur terre, et des moyens de remplir les obligations que Dieu leur avoit imposées, disoient-elles, par rapport à ce lieu-ci. Madame de Lordat se proposoit d'établir à Linières un prix de vertu, mais quelques circonstances l'ayant obligé d'en différer l'établissement, la mort qui survint l'en empêcha. Après les exercices de piété, tels que l'audition de la messe et la récitation de l'office du diocèse de Paris en françois, leur occupation étoit de travailler pour les pauvres, à qui elles faisoient des jupes et des bas en tricot. Outre ces occupations générales, Madame de Lordat en avoit une particulière qui étoit l'éducation de Mademoiselle sa petite-fille. Elle s'appliquoit uniquement à lui inspirer la crainte de Dieu, et lui apprenoit déjà à partager son tems entre l'étude, le travail des mains et les récréations honnêtes. Elle lui donnoit une grande horreur du mensonge, de l'orgueil et de la méchanceté. Elle lui faisoit réciter chaque jour une leçon du catéchisme de Montpellier, ouvrage de son grand oncle (1), et tous les dimanches, l'épître et l'évangile du jour.

On peut dire que cette jeune personne profitoit bien des soins qu'on prenoit de son éducation, car elle donnoit déjà, à l'âge de six ans et quelques mois, des marques d'une piété sincère et d'une modestie charmante. Elle répondoit d'une manière surprenante à

(1) M. Colbert, évêque de Montpellier (pag. 189).

toutes les questions qu'on lui faisoit sur la religion. On lui parloit souvent de l'amour qu'on doit avoir pour les pauvres, et je l'ai vu donner plusieurs louis de l'argent qu'elle avoit en particulier.

Sur la fin de l'automne de la même année (1), Madame de Lordat pensoit retourner à Paris, où plusieurs affaires la rappeloient, mais l'éloignement qu'elle avoit pour la capitale, et le désir de rester avec Madame sa sœur l'emportèrent. Elle résolut de passer l'hiver à Linières. Sur la fin d'octobre, Madame sa sœur étant tombée malade, elle lui rendit tous les services dont elle fut capable. Elle ne quittoit point sa chambre de tout le jour, y restant même une partie de la nuit, sans craindre de contracter sa maladie. Elle exigeoit même qu'on vînt tous les jours à quatre heures du matin lui en donner des nouvelles. Il est impossible d'exprimer ce qu'elle eut à souffrir de peines et de chagrins, pendant l'espace de près de cinq mois que dura sa maladie. Elle avoit une attention particulière à ne lui rien faire paroître, lorsqu'elle étoit en sa présence, car elle paroissoit alors la satisfaction peinte sur le visage, comme si elle avoit conçu la meilleure espérance. On eût dit qu'elle avoit fait le sacrifice de sa santé et de sa vie pour se livrer au soulagement de Madame sa sœur, et peut-être la maladie dont elle est morte en a-t-elle été une suite.

Cependant Madame de Jonsac, sur la fin de février (2), ayant paru hors de danger, Madame sa sœur se livra à toute la joie d'une convalescence si

(1) 1785.

(2) Nous voici maintenant en 1786. Ces *Mémoires* touchant à leur fin, il n'est pas inutile d'en préciser les dernières citations de dates.

peu attendue. Elle en parloit continuellement et elle sembloit oublier une indisposition, dont elle sentoit quelquefois des attaques, pour ne faire attention qu'à la santé de sa sœur. Le quinze mars ayant été choisi pour remercier Dieu d'une telle faveur, elle voulut lui donner une petite fête, qu'elle savoit bien devoir être de son goût.

Elle fit préparer à dîner, sans qu'elle le sût, dans une des chambres du château, pour douze pauvres femmes qu'elle choisit. A l'heure de midi, elle entra avec sa petite-fille dans la chambre de sa sœur. Celle-ci ayant aperçu un tablier blanc qu'elles avoient chacune devant elle, s'empressa de leur en demander la raison. Madame de Lordat répondit que c'étoit pour servir à table douze pauvres femmes qu'elle avoit rassemblées pour lui faire honneur. Elle les servit effectivement pendant tout le repas avec toutes les marques de la plus grande bonté et, à la fin, elle leur fit distribuer par sa petite-fille à chacune un écu et trois aunes d'une fort belle toile.

Tout le monde s'attendoit encore à posséder plusieurs années ces deux dignes personnes lorsque Madame de Lordat, qui se plaignoit depuis longtems d'une difficulté de respirer, fut obligée de garder la chambre. Ce fut un mardi 21 mars que sa maladie parut sérieuse. Le lendemain, Madame sa sœur se transporta chez elle et contracta la maladie dont elle est morte.

Les deux sœurs étoient alors chacune dans son lit, ayant une inquiétude mortelle l'une de l'autre. Toutes deux étoient atteintes de maladie mortelle. Madame de Lordat fut obligée de quitter son lit, où elle ne pouvoit plus rester, pour se mettre dans un fauteuil, où elle demeura douze jours et douze nuits, sans pouvoir prendre de sommeil, quoiqu'elle eût une envie mortelle de dormir. On ne peut exprimer combien elle eut à souffrir pendant tout ce tems. Cependant Madame de Jonsac étant morte le mardi 28 au soir, encore qu'on eût eu la précaution de ne point faire sonner, elle crut lire sur les visages qu'elle n'étoit plus. Comme on la vit dans cette inquiétude mortelle, je fus chargé de lui apprendre la triste nouvelle le vendredi suivant, au matin. Dès qu'elle l'eût apprise, elle leva les mains au ciel, et dit : « *Ce n'est » pas ma sœur qui est malheureuse, c'est moi ; vous l'avez » connue, Monsieur, priez Dieu qu'il me fasse la grâce de » marcher sur ses traces.* » En même tems elle parut plongée dans la plus grande tristesse.

Son mal alloit toujours en augmentant, et le lendemain samedi, comme elle ne pouvoit plus, disoit-elle, respirer dans sa chambre, qui étoit fort petite, elle passa dans le salon qui étoit proche. Elle y avoit fait préparer un lit, espérant pouvoir s'y coucher, mais on ne l'y eut pas plutôt placée, qu'elle pensa étouffer, et elle fit en même tems un effort des plus violens pour se jeter en bas. Elle fut obligée de reprendre son fauteuil. Elle passa ainsi la journée et la nuit suivante dans des douleurs inconcevables, faisant ouvrir de tems en tems les fenêtres du salon pour avoir plus d'air. Quand elle vouloit prendre un peu de soulagement, deux filles de chambre la soutenoient pardessous les bras, et, s'appuyant sur l'une d'elles, elle tâchoit de s'endormir, mais aussitôt elle s'éveilloit en sursaut, encore plus fatiguée qu'auparavant.

Le lendemain, jour de la Passion, elle me parut dans un état désespéré. Elle paroissoit accablée par l'excès du mal. Son visage paroissoit plein de sang et sa vue égarée. Cependant elle avoit une connoissance parfaite : elle me parla de se confesser. Je revins sur le soir à cet effet, et après qu'elle se fût confessée avec les plus grands sentimens de componction, elle me tendit un livre de prières qu'elle avoit à côté d'elle, me priant de lui lire l'action de grâces, qu'elle entendit avec beaucoup de piété.

Ayant fait entrer ensuite la compagnie, elle fit approcher d'elle sa petite-fille pour la caresser. C'étoit pour la dernière fois. Sur le soir, elle prit un peu de sommeil et tout le monde crut qu'elle s'en trouveroit bien, mais sur les onze heures de nuit, le sommeil qu'elle prenoit ayant paru extraordinaire, on vint me chercher. Elle étoit alors debout, soutenue par deux personnes qui lui frappoient dans les mains, pour l'empêcher de dormir. Elle reçut l'extrême-onction, ne proférant plus que quelques paroles qui n'avoient pas de suite, et elle s'endormit ainsi du sommeil de la mort. Son visage changea alors entièrement, et il revint dans son état naturel, avec cet air de bonté et d'affabilité qu'elle avoit ordinairement.

Cette mort mit le comble à la désolation de ceux qui avoient connu ces deux dignes personnes. Le lendemain, lorsqu'on eut sû la nouvelle dans la ville, on n'entendit que des plaintes de ceux qui déploroient la perte qu'on venoit de faire. Chacun se répandoit en éloges de ces deux respectables personnes, et on regardoit l'accident comme une calamité publique. M. le marquis de Seignelay, qui avoit appris la maladie de ses deux sœurs à Paris, arriva sur ces entrefaites ; il n'eut pas la consolation de voir ni l'une ni l'autre. Il repartit le lendemain, emmenant avec lui Mademoiselle de Lordat, sa nièce, qui sentit dès lors toute la perte qu'elle venoit de faire.

Madame de Lordat mourut ainsi à l'âge de quarante-sept ans et quelques mois (1). Elle étoit d'une taille un peu au-dessous de l'ordinaire, ayant beaucoup d'embonpoint, les manières nobles et prévenantes. Sa parure étoit celle d'une personne de son rang, sans avoir rien d'affecté. Elle s'exprimoit avec beaucoup de facilité et l'accent de sa voix étoit très agréable, ce qui faisoit qu'elle lisoit parfaitement bien. Elle étoit d'un caractère extrêmement affable, aimant à parler à tout le monde, naturellement généreuse et bienfaisante. Elle avoit un fonds de gaieté qui l'aidoit à supporter ses malheurs, d'ailleurs d'une modestie singulière dans ses paroles et dans ses actions.

Elle parloit avec beaucoup de respect de la religion, dont elle remplissoit les devoirs avec beaucoup d'exactitude. Elle portoit au cou une petite croix d'or, dans laquelle il y avoit un morceau de la vraie croix. On ne sauroit dire combien elle étoit attachée à cette sainte relique, et combien elle craignoit de la perdre.

Son intention, comme je n'en puis douter, avoit toujours été de faire un présent à l'église de Linières, à l'exemple de Madame sa sœur, mais la mort qui survint l'ayant même empêchée de faire son testament, comme elle le désiroit, fut la cause de la non exécution de sa bonne intention (2). Elle avoit *seulement* donné à

(1) Le 3 avril 1786.

(2) Ce passage devait être une invite délicate, pour les héritiers, à faire quelque cadeau pieux au nom de la défunte. Les éloges dont l'habile doyen comble Mmes de Jonsac et de Lordat, et même Mlle de Lordat qui, à six ans et quelques mois, était déjà un petit prodige (v. notamm. pag. 216), témoignent d'ailleurs visiblement, si mérités que nous les supposions dans une large mesure, que cette dernière partie des *Mémoires* a dû être écrite pour être offerte en hommage ou tout au moins communiquée en lecture à la famille, plutôt que

l'église, pendant son séjour à Linières, un parement d'autel d'une dentelle qui lui avoit servi de lange pendant son enfance.

Madame de Lordat n'étoit jamais allée au spectacle, quelques sollicitations qu'on lui eût faites pour cela. Elle racontoit elle-même que s'étant trouvée un jour chez une de nos princesses, dont l'appartement avoit une porte pour entrer au spectacle, elle fut vivement sollicitée de s'y rendre avec la compagnie, ce qu'elle refusa constamment. Elle avouoit qu'elle avoit été tentée de voir seulement les décorations de la porte d'entrée, mais que, regardant cette démarche comme un danger auquel elle s'exposoit, elle y avoit résisté.

J'ai ouï, à son sujet, un autre trait qui ne lui fait pas moins d'honneur. Dans une de ses terres de Normandie, elle avoit à sa nomination une cure de deux mille écus. Celle-ci étant venue à vaquer, plusieurs

dans un intérêt purement historique. Jamais, du reste, Gilles-le-Duc ni J. B. Dupré n'omettent de mentionner ce que chaque dame ou ce que chaque seigneur a laissé, en mourant, à l'Église ou au Chapitre, mais, cette dernière fois, la Révolution n'a-t-elle pas éclaté et 1793 n'a-t-il pas dispersé ce vieux Chapitre avant que la sollicitation voilée de son doyen ait pu être écoutée par le château? Puisque nous venons de faire allusion à la Révolution, rappelons, en terminant ces Notes, que, durant la période révolutionnaire, Mlle de Lordat était encore toute enfant. Elle devait avoir de dix à onze ans en 1789 (v. pag. 204 et 216). Nous n'avons pas la date de son mariage, mais son premier enfant ne vint au monde qu'en 1799 (pag. 213, note 1). Il dut résulter de cette situation que la terre de Linières ne put se trouver atteinte par le décret de la Convention qui frappait les biens des émigrés. Aussi, bien que nous n'ayons pas, à cet égard, de renseignements précis, semble-t-il que ni le château ni ses possesseurs ne subirent bien directement ni bien vivement le contre-coup des événements. En l'absence de documents écrits, nous ne donnons pas, toutefois, ces indications comme l'expression d'une certitude absolue, mais seulement comme le résultat du rapprochement des dates et de quelques témoignages un peu vagues d'anciens habitants du pays.

personnes la lui demandèrent, mais comme elle savoit quelle charge on s'impose en nommant à des bénéfices, elle s'adressa au curé de Paris qu'on lui dit être le plus homme de bien, et elle lui demanda un ecclésiastique de son choix, à qui elle donna le bénéfice qui étoit à sa nomination.

FIN

TABLE DES MATIÈRES

LIVRE TROISIÈME:

LIVRE QUATRIÈME:

BOURGES, IMPRIMERIE H. SIRE.

www.ingramcontent.com/pod-product-compliance
Ingram Content Group UK Ltd.
Pitfield, Milton Keynes, MK11 3LW, UK
UKHW021044220726
13924UKWH00005B/2001